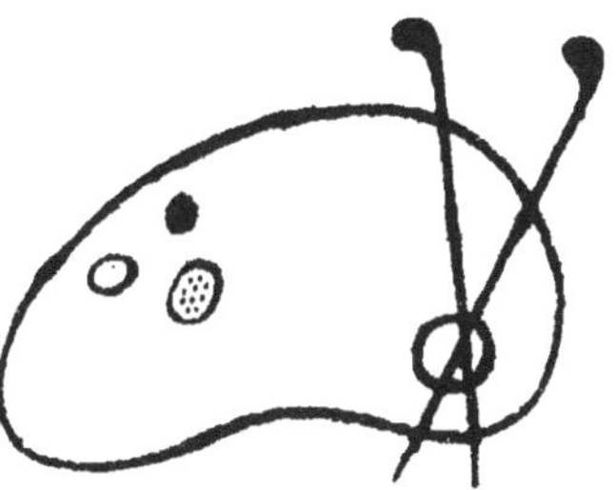

Début d'une série de documents
en couleur

LA FAMILLE
D'ÉTIENNE MARCEL

1250-1397

PAR

HENRI FREMAUX

PARIS

1904

Fin d'une série de documents
en couleur

LA FAMILLE D'ÉTIENNE MARCEL

1250-1397

Extrait des *Mémoires de la Société de l'Histoire de Paris et de l'Ile-de-France*, t. XXX (1903).

LA FAMILLE

D'ÉTIENNE MARCEL

1250-1397

PAR

Henri FREMAUX

PARIS
1904

Le présent essai généalogique est le fruit tardif de recherches commencées, — l'avouerai-je? — dès le milieu du siècle dernier; les dépôts publics de Paris, les Archives nationales surtout, en ont fourni la substance. Dans ces premiers dépouillements, entrepris plus spécialement en vue de questions relatives à la région du nord, la curiosité m'entraînant à la dérive, je notai chemin faisant, au hasard des rencontres, tout ce qui pouvait éclaircir la filiation, alors inconnue, d'Étienne Marcel, les origines de sa famille et ses ramifications, la situation sociale de ses membres, les fonctions publiques qu'ils avaient pu remplir.

Plus tard survinrent d'autres préoccupations, qui reléguèrent au second plan l'enquête inachevée, de sorte que de longues années ont passé sur ces notes de la première heure si avidement recueillies, puis laissées de côté dans l'attente d'une utilisation toujours différée et dont les chances allaient diminuant de jour en jour, à mesure qu'augmentait le déchet de l'inédit, qui en faisait tout le prix. Aussi seraient-elles restées désespérément enfouies dans leurs cartons, si des instances amicales, appuyées de la promesse d'une collaboration efficace, ne m'eussent décidé à les en faire sortir.

Depuis un siècle qu'avait paru le recueil de Secousse, les biographes ne cherchaient guère leur documentation en dehors des pièces qu'il contenait; toutefois, des révélations récentes en avaient déjà signalé d'autres, lorsque l'*Étienne Marcel* de Perrens vint remettre en discussion les origines du personnage et son rôle politique. On n'a pas oublié le compte-rendu de Siméon Luce. L'historien de la Jacquerie ne ménageait ni l'œuvre ni l'auteur; cependant, ses critiques visant ailleurs, il n'avait rien dit alors des erreurs de généalogie empruntées aux hypothèses héraldiques de M. A. de Coëtlogon. Elles ont été rectifiées depuis sur plus d'un point, d'abord par la découverte de documents nouveaux due à Siméon Luce lui-même, puis par M. Léon Le Grand et par M. Eugène Déprez, dont les importants mémoires, publiés il y a quelques années, ont ajouté aux faits déjà connus de nombreux éléments d'information.

Tout récemment, enfin, M. Auguste Longnon, de l'Institut, n'a pas eu la main moins heureuse : il a su retrouver les anneaux de la chaîne qui rattache les Marcel du XIVe siècle à leur homonyme du XIIIe, ce sergent du roi saint Louis, dont le souvenir équivoque reste lié au désastre de la Massoure.

Devancé par de tels concurrents, il ne me reste donc qu'à répéter le mot connu : « Tout est dit et l'on vient trop tard. » Et pourtant non, tout n'est pas dit. Si, par exemple, M. Léon Le Grand a publié le premier l'acte de 1348, qui restitue à Étienne Marcel son père légitime, le nom de famille de la mère est encore ignoré. On verra plus loin qu'elle fut la petite-fille de Renaut Barbou, ancien prévôt de Paris, puis bailli de Rouen et de Caen sous Philippe le Hardi; de sorte que, d'un côté comme de l'autre, c'est à un officier de la maison du roi que remontent les premières origines historiques du fameux tribun.

Nul doute que de nouvelles trouvailles ne viennent à la longue s'ajouter à celles qui précèdent et combler d'autres lacunes; les parchemins n'ont pas dit leur dernier mot; ils tiennent en réserve la clé de plus d'un mystère que le temps leur dérobera.

Dans cette encourageante prévision, il nous a semblé qu'un travail généalogique, coordonnant l'ensemble des résultats acquis et signalant les lacunes, pourrait avoir, à défaut d'autre mérite, celui de fournir des points de repère aux découvertes éventuelles et des directions aux recherches complémentaires.

Tel est l'objet de cet essai. On y trouvera d'abord, à la suite du tableau généalogique de la famille d'Étienne Marcel, les notes biographiques qui en sont le développement. Viennent après, comme appendice, deux listes moins incomplètes que celles jusqu'ici publiées, l'une des prévôts des marchands et échevins de Paris, l'autre des prévôts de la Grande confrérie Notre-Dame aux Prêtres et Bourgeois, qui, comme on sait, embrassa chaleureusement le parti démocratique. Une vingtaine de pièces justificatives inédites complètent la publication.

Je ne terminerai pas sans m'acquitter d'une dette de reconnaissance envers notre ex-concitoyen, mon ami M. A. Guesnon, qui m'a prêté son précieux concours pour la révision et la mise en œuvre des notes et documents qui vont suivre, contribuant ainsi, comme par ses propres investigations, à rendre ce travail moins indigne de l'hospitalité qui lui est offerte. Qu'il veuille bien accepter mes plus vifs remerciements.

Lille, le 7 novembre 1903.

TABLEAU GÉNÉALOGIQUE.

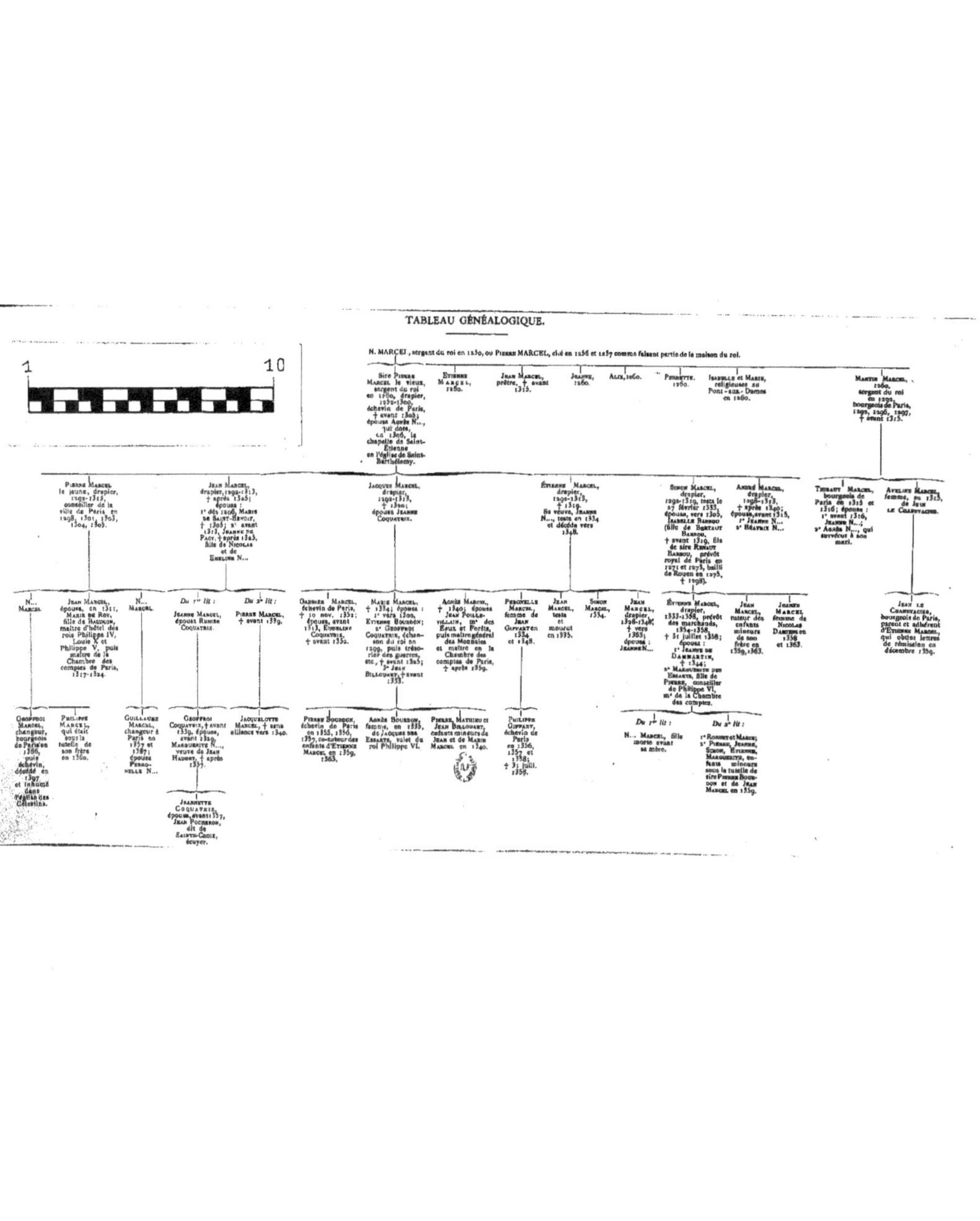

LA FAMILLE
D'ÉTIENNE MARCEL

1250-1397.

Armoiries : *D'azur à trois griffons rampants d'or, posés deux et un.*

Les armoiries primitives de la famille Marcel doivent avoir été trois griffons ; c'est du moins ce que laissent supposer les sceaux de Geoffroi et de Guillaume Marcel, descendants de la branche aînée. Geoffroi Marcel, bourgeois de Paris, qui, suivant les lois héraldiques, semble avoir été chef de lignage en 1366, portait sur son sceau les armes pleines à trois griffons rampants[1]. Son parent, Guillaume Marcel, changeur à Paris en 1361 (petit-fils de Pierre Marcel le jeune, celui-ci fils aîné de sire Pierre Marcel le vieux, autre chef de lignage en 1296), portait de même trois griffons rampants, accompagnés d'une petite brisure de cadet[2].

Cependant, les épitaphiers manuscrits des églises de Paris, donnant une bande pour brisure à Jacques Marcel et à son fils Garnier, tous deux issus de branche cadette, figurent ou décrivent ainsi leur blason : *D'azur, à la bande losangée d'or et de gueules, accompagnée de* deux *griffons d'or*[3]. C'est une erreur. Le blason d'Étienne Marcel, gravé par Beaumont[4], ainsi que les sceaux de Geoffroi et de Guillaume Marcel, prouvent que les véritables armoiries de Jacques et de Garnier doivent se lire : *D'azur, à* trois *griffons d'or posés 2 et 1, à la bande losangée d'or et de gueules brochant sur le tout.*

---

1. Douët d'Arcq, *Coll. de sceaux*, n° 4103.
2. Demay, *Sceaux de Clairambault*, n° 5640.
3. Bibl. nat., Cabinet des titres, ms. 515 (F. fr. 32341), fol. 267 r°. — Bibl. de l'Arsenal, ms. 5406, fol. 159 r°.
4. *Gouverneurs, lieutenans de Roy, prévôts des marchands, échevins... de la ville de Paris*, armoiries gravées par Beaumont (vers 1760), in-fol., pl. VII.

Origines et filiations.

Les premiers renseignements que l'on possède sur la famille Marcel nous sont donnés par M. Auguste Longnon, dans la préface des *Obituaires de la province de Sens*[1] :

« Le plus ancien membre connu de la lignée parisienne des Marcel, dit M. Longnon, est assurément Marcel, ce sergent royal qui, au témoignage de Joinville, jeta en 1250, au cours de la croisade, la panique parmi les combattants chrétiens de la Mansourah[2] et fut ainsi la cause involontaire, j'aime à le croire, de la captivité de saint Louis. Ce sergent Marcel est sans doute le même que Pierre Marcel, mentionné à plusieurs reprises en 1256 et 1257 par les tablettes de cire de Jean Sarrazin[3] comme faisant partie de la maison du roi, le même aussi que « Pierre Marcel, « le père », dont parle un acte relatant la donation faite en 1260 par lui à l'abbaye de Pont-aux-Dames, du diocèse de Meaux, où il avait deux filles religieuses[4]. Pierre Marcel était père de neuf enfants, quatre fils et cinq filles, tous désignés dans l'acte de 1260[5]. L'un des quatre fils, l'aîné sans doute, s'appelait également Pierre, et il est qualifié sergent; déjà marié[6], il reçut alors de son père, à titre d'échange, la moitié d'une boutique de changeur située sur le Grand-Pont, et fut probablement l'aïeul du prévôt des marchands. Un autre des fils du premier Pierre Marcel, Martin, figure en un acte de 1292, où il est dit aussi « sergent du roi[7] ».

---

1. A. Longnon, Introduction aux *Obituaires de la province de Sens*, publiés par A. Molinier, 1902, in-4°, t. I, p. XXXIV-XXXV.

2. Joinville, *Vie de saint Louis*, éd. de Wailly, p. 170.

3. *Rec. des hist. de la France*, p. 325 G, 354 K, 356 BK, 359 C, 376 K.

4. *L'Abbaye de Pont-aux-Dames*, [par Bertault], 2e partie, p. 30. — Cf. le cartulaire de Pont-aux-Dames, fonds latin de la Bibl. nat., n° 10944, fol. 118 r°.

5. Les fils se nommaient Pierre, Jean, Étienne et Martin; les filles Jeanne, Alix, Perrette, Isabel et Marie. Ces deux dernières étaient religieuses au Pont-aux-Dames.

6. Sa femme se nommait Agnès, mais la charte n'indique pas de quelle famille elle était issue.

7. « Martinus Marcelli, civis Parisiensis et illustris regis Francorum serviens et Agnes ejus uxor » (L. Briele et E. Coyecque, *Archives de l'Hôtel-Dieu de Paris*, p. 454).

De ces divers faits, mis en lumière ici pour la première fois, il résulte clairement qu'avant d'exercer l'industrie de drapier, les Marcel avaient appartenu, pendant deux générations au moins, à la maison du roi, tout comme les familles énumérées par M. Borrelli de Serres. »

Ces curieuses découvertes nous révèlent, dans les ancêtres de la famille, des personnages d'importance occupant déjà un rang élevé dans la hiérarchie officielle. Cependant, s'il est vrai, comme nous l'apprend le savant académicien, que les Marcel furent, à partir du milieu du XIIIe siècle, attachés au service du roi, il n'est pas moins certain que, dès leurs plus lointaines origines historiques, on constate qu'ils étaient en même temps drapiers. C'est ce que prouve une enquête faite entre 1248 et 1253 sur le droit prétendu par les marchands de draps de tenir boutique ouverte à Paris pendant la foire du Lendit. Ce document enregistre, entre autres témoignages, celui de Pierre Marcel, drapier, « Petrus Marcelli draperius », vraisemblablement le fils du sergent de la Mansourah[1].

Le premier crayon généalogique pourrait donc s'établir ainsi :

I. — N. MARCEL, sergent du roi en 1250, soit Pierre Marcel, 1253, 1256 et 1257, père en 1260 de quatre fils et de cinq filles :

1° Pierre Marcel, qui suit.

2° Jean Marcel, prêtre, propriétaire d'un surcens, de jardins

---

1. « Inquesta facta de mandato Regine per dominum Petrum de Ernencuria et Stephanum decanum Sancti Aniani Aurelianensis super contencione mota inter abbatem et monachos Sancti-Dyonisii, ex una parte, et draparios Parisienses, ex altera, utrum dicti draperii (*sic*) usitati sint vendere Parisius fenestris apertis tempore Edicti.

. . . .

« Petrus Marcelli, draperius, juratus, requisitus utrum alias viderit draperios Parisius remanere de Edicto? Dixit quod non, nisi illos qui vendunt caligas, sargias, burellos et aliam minutam draperiam. Requisitus utrum illi venderent apertis fenestris? Dixit quod sic. Dixit eciam quod quidam draperiorum tardius ibant ad Edictum et citius revertebantur quam alii. Requisitus [utrum] isti, antequam irent ad Edictum et quando reversi erant, sedente Edicto vendebant Parisius fenestris apertis? Dixit quod sic. Requisitus utrum alias viderit aliquos compelli per mandatum Regis ire ad Edictum? Dixit quod non... » [1248-1253] (Boutaric, *Actes du Parlement*, t. I, p. 321, n° 34).

et de vignes au territoire de Saint-Cloud; il mourut avant 1315, et son neveu, André Marcel, hérita du surcens[1].

3° Étienne Marcel.

4° Martin Marcel, sergent du roi en 1292, auteur de la cinquième branche, cité plus loin, après la nomenclature de la postérité de son frère Pierre.

5° Jeanne; — 6° Alix; — 7° Perrette.

8° Isabel, et 9° Marie; ces deux dernières religieuses au Pont-aux-Dames en 1260.

II. — Pierre Marcel, marchand drapier à Paris en 1248-1253, qualifié sergent en 1260, était alors marié avec Agnès N..., mentionnée plus loin. Par la suite, il serait devenu échevin de Paris, selon l'inscription tombale de son fils Jacques. Le même Pierre Marcel, surnommé le vieux (« le viell ») dans les comptes de la taille de Paris de 1292 à 1300, paraît avoir toujours été paroissien de Saint-Barthélemi-en-Cité. En 1292, il habitait « rue de la Rivière-Jehan-le-Cras »; en 1296, « sire Pierre Marcel », comme on le qualifiait alors, demeurait en « la rue devant le Court-le-Roy, en allant à la Pelleterie »; en 1297 et 1298, le domicile de « Pierre Marcel le viel » est dit « au renc de la Peletrie »; en 1299 et 1300, « en la Draperie sus le Pont ».

Nous ferons observer une fois pour toutes qu'en relevant ainsi par sections ou « questes » le parcours des commissaires, les rôles ne sauraient indiquer qu'approximativement le domicile de chaque contribuable, les points de repère et leurs dénominations, variant d'ailleurs, comme on le voit, d'année en année avec le renouvellement des répartiteurs[2].

Il en est de même des taxes. Si nous les avons reproduites, peut-être trop minutieusement, au cours de ce travail, c'est qu'à défaut de renseignements plus précis, elles peuvent au moins donner, par comparaison, quelque idée de la situation industrielle et sociale des bourgeois qu'elles concernent.

---

1. Guérard, *Cartul. de N.-D. de Paris*, t. III, p. 120.

2. Pour ces identifications topographiques, voir Jaillot, *Recherches sur la ville de Paris*, 1772; Géraud, *Paris sous Philippe le Bel*, 1837, p. 349 et suiv.; et l'ouvrage, en cours de publication, de A. Berty et de L.-M. Tisserand, *Topogr. hist. du Vieux Paris*, 1876-1887, gr. in-4°.

Pierre Marcel le vieux est porté sur les comptes de la taille[1] pour 58 liv. en 1292, 54 liv. 10 s. en 1296, 48 liv. en 1297, 58 liv. en 1298, 50 liv. en 1299 et 1300. Il aurait donc été aux premiers rangs de la riche bourgeoisie parisienne, un de ceux qui prêtaient à la ville dans ses embarras d'argent[2].

Nos archives conservent quelques traces de ses opérations commerciales, notamment une quittance du 26 juillet 1292 pour fourniture de draps à Robert II, comte d'Artois; elle montait à 688 liv. 2 s. 6 d. par. Pierre partageait alors avec le drapier parisien Jean de Tremblay cette importante clientèle[3].

Si nous ne nous trompons, la qualification de « sire », donnée à Pierre Marcel en 1296, indiquerait qu'il avait rempli quelque haute fonction à l'hôtel de ville de Paris, sans doute celle de prévôt des marchands; car, d'après l'usage suivi aux XIIIe et XIVe siècles dans beaucoup de villes de la région du nord de la France, ce titre de « sire » ou seigneur était attribué aux chefs des municipalités.

Pierre Marcel mourut avant octobre 1305[4], et l'on voit, l'année suivante, sa veuve Agnès N..., bienfaitrice de l'église Saint-Barthélemi, doter la chapelle de Saint-Étienne en cette église d'une rente sur le Châtelet que Philippe IV avait amortie[5]. L'obit de Pierre Marcel et de sa femme est inscrit au 28 juin (IV kal.) dans l'obituaire de la Grande confrérie Notre-Dame aux Prêtres et Bourgeois de Paris; ils avaient constitué pour cet objet une rente de 20 s.[6].

---

1. Géraud, *Ibid.*, *Rôle de la taille en 1292*, p. 136. L'imposition la plus élevée à cette date fut celle de Gandouffle le Lombard, fixée à 114 livres 10 sous.

2. Le Roux de Lincy, *Hôtel de ville de Paris*, 1844-1856, in-4°, p. 30.

3. J.-M. Richard, *Inv. sommaire des arch. du Pas-de-Calais*, série A, t. I, p. 154, 2e col.

4. Arch. nat., S 882^{1}, fol. 23 v°. Inv. analytique de 1347. — Cf. A. Vidier, *Notes et documents sur la Sainte-Chapelle*, dans les *Mém. de la Société de l'Hist. de Paris*, t. XXVIII (1902), p. 262, note, et p. 54 du tirage à part.

5. Lebeuf, *Hist. du diocèse et de la ville de Paris*, 2e éd., 1883, t. I, p. 175.

6. Les *Obituaires de la province de Sens*, t. I, p. 830, portent l'obit de P. Marcel au X des cal. (22 juin). Mais l'article est double, et, pour cette seconde partie, c'est bien le IV des cal. (28 juin) qu'indique le ms. des Arch. nat., LL 435, date confirmée d'ailleurs par l'obituaire renouvelé (Arch. nat., LL 436, fol. 23).

Pierre Marcel et sa femme Agnès eurent six fils :

1° Pierre Marcel, dit le jeune, qui suit.
2° Jean Marcel, chef de la première branche.
3° Jacques Marcel, chef de la deuxième branche.
4° Étienne Marcel, chef de la troisième branche.
5° André Marcel, cité après la postérité de ses frères aînés.
6° Simon Marcel, chef de la quatrième branche.

III. — Pierre Marcel, dit le jeune, bourgeois, marchand drapier, conseiller de la ville de Paris, aurait habité d'abord le même domicile que son frère Jacques Marcel, « rue de la Rivière-Jehan-le-Cras »; ils payaient ensemble 28 livres à la taille de 1292. En 1296 et 1297, Pierre demeurait seul, section de « la Draperie jusques à la faute du Pont »; en 1298, en « la Draperie en venant à destre vers le Court-le-Roy »; en 1299, « à la Draperie »; en 1300, à « la Draperie sus Grant-Pont », et, en 1313, « en la Vielz Draperie devant Saint-Éloy ».

La taille de Pierre Marcel était, en 1296, de 16 liv. 10 s.; en 1297, de 24 liv. 10 s.; en 1298, de 34 liv.; en 1299 et 1300, de 31 liv.; elle s'éleva, en 1313, à 127 liv. 10 s. Ce dernier chiffre est un des plus élevés après celui de son frère Jacques.

Pierre Marcel le jeune et Thomas de Saint-Benoît, drapiers, sont cités parmi les quinze commissaires de la taille de dix mille livres levée en 1302 « pour l'ost de Bruges »; ces deux répartiteurs eurent à fixer la cote individuelle des drapiers de Paris. Le premier figure aussi sur la liste des conseillers de la ville en 1298, 1301, 1303, 1304, 1305[1].

Le même Pierre Marcel céda à Philippe IV la maison qu'il possédait à proximité du Palais, lors de l'agrandissement de la résidence royale; cette maison tenait, d'une part, à celle de Jean Marcel, son frère, et à celle d'Étienne de Vitry, d'autre, à la maison de Jacques Marcel, leur frère; la cession eut lieu moyennant une rente de 110 livres, à prendre sur la boîte et coutume du poisson des halles de Paris, suivant lettres de septembre 1311[2].

1. Le Roux de Lincy, *op. cit.*, p. 32, 38, 40, 57 de la seconde partie.

2. Pièces just. III et VII. — Philippe le Bel, comme on va le voir, acheta successivement des frères Pierre, Jacques et Jean Marcel tout le pâté que formaient leurs maisons contiguës, y compris celle du drapier Symon de Tremblay, « aboutissant par derrière à la rivière Jehan-le-Cras, » bras

Pierre Marcel et son frère Jacques, ayant en outre abandonné au roi leur grande maison et une autre plus petite attenant par derrière à celle de leur frère Jean Marcel, situées en face de la Seine, près du Palais, reçurent en échange une autre rente de 25 livres chacun, assignée de même sur la coutume du poisson; les lettres sont datées d'août 1312.

L'obituaire de la Sainte-Chapelle inscrit au 29 janvier le double obit de Symon Marcel l'aîné (*senioris*) et de Pierre Marcel le jeune (*junioris*)[1].

IV. — Jean Marcel, bourgeois de Paris, fils de Pierre, dit le jeune, par contrat de mariage approuvé du roi Philippe IV dans ses lettres d'août 1311[2], épousa Marie de Roy, fille de Bauduin de Roy, maître d'hôtel de ce monarque; le père de la mariée donnait à sa fille 2,800 livres. En 1313, Jean Marcel, gendre de Bauduin de Roy, était taxé à la taille de 30 livres; il demeurait alors « en la Vielz Draperie devant Saint-Éloy », à côté de son père Pierre Marcel, drapier.

Bauduin de Roy, maître d'hôtel du roi, obtint, le 11 juin 1311, un arrêt du Parlement portant défense au maire et aux échevins d'Arras de lever sur lui aucune taille à cause des biens de sa femme situés dans leur échevinage, attendu qu'avant son mariage celle-ci avait payé à la ville le droit d'issue[3] et que lui-même était exempt de toute contribution en vertu de son office[4]. Il résulte d'une lettre royale, adressée le 27 novembre 1320 au Parlement, qu'à cette date Bauduin de Roy exerçait encore ses fonctions de maître d'hôtel[5]. Il fut nommé maître lai de la Chambre des comptes de Paris par lettres du 3 août 1317 et occupa cette charge jusqu'en 1324[6].

---

de la Seine comblé ultérieurement. Les cinq actes de vente compris dans nos Pièces justificatives ajoutent un complément essentiel aux quelques autres documents sur l'agrandissement du Palais signalés à cette date par Boutaric, *Recherches archéol. sur le Palais de Justice de Paris*, dans les *Mém. de la Soc. des Antiq. de France*, t. XXVII (1862).

1. Molinier, *Obituaire de la province de Sens*, t. I, p. 815.

2. Pièce just. II.

3. « Issue » ou « escas », droit dû sur les biens passant de bourgeois à forain par succession, mariage, don ou aliénation.

4. Boutaric, *Actes du Parlement*, t. II, n° 3969.

5. Boutaric, *op. cit.*, t. II, n° 6181.

6. Bibl. Mazarine, ms. 3035, fol. 49.

V ou VI. — GEOFFROI MARCEL, changeur, bourgeois de Paris, scella un acte de 1366; son sceau porte un écu chargé de *trois griffons rampants 2 et 1, timbré d'un heaume*, dont le cimier a disparu, *et supporté par deux demoiselles*[1].

A défaut de renseignements précis sur la filiation de Geoffroi, le port des armes pleines des Marcel permet de voir en lui un des chefs de lignage de la famille; il devait être issu d'un fils de Pierre Marcel le jeune.

On le voit cité, en 1366, comme tuteur de son frère Philippe Marcel, dans une lettre de Charles V du 1er août 1380, portant confirmation, au profit dudit Geoffroi Marcel, bourgeois de Paris, de l'adjudication des biens de feu Jean de Lorris, chevalier, vendus par autorité de justice en janvier, février et mars 1366 (n. st.); entre autres propriétés, il est fait mention dans l'acte d'un fief de 120 arpents séant au Coudroy, près le Baugiel[2].

C'est probablement ce même personnage que l'on rencontre dans les épitaphiers manuscrits des églises de Paris sous cette mention : « Geoffroy Marcel, eschevin de Paris, décédé en 1397 et inhumé dans l'église des Célestins[3]. » Plusieurs parents d'Étienne Marcel ayant été enterrés dans cette église, la sépulture de notre échevin ajoute une nouvelle preuve à celles qui rattachent Geoffroi à cette famille. Il légua à la Grande confrérie 60 sous de rente pour son obit, inscrit au VIII des kalendes de juillet[4].

V. — GUILLAUME MARCEL, changeur, bourgeois de Paris, petit-fils de Pierre Marcel le jeune, fut un des principaux coopérateurs de son cousin Étienne Marcel. Le dauphin lui donna, le 7 août 1357, à charge de 10 livres, le vingt-quatrième change sur le Grand-Pont du côté de la Boucherie, « que souloit tenir Huchon Berthelemin[5] ». Plus tard, il achetait de lui un palefroi au prix

1. Douët d'Arcq, *Coll. de sceaux*, n° 4103.
2. Arch. nat., reg. JJ 117, n° 210.
3. Bibl. de l'Arsenal, ms. 5406, fol. 161 v°.
4. Arch. nat., LL 436, fol. 22 v° : « Junius VIII kal. [24 juin]. — Anniversarium Gauffridi Marcelli, qui legavit confraternie LX solidos redditus, de quibus habent sacerdotes in vigiliis et missa XXX solidos. » — Cet anniversaire n'a pas été relevé dans les *Obituaires de la province de Sens*, publiés par A. Molinier.
5. Arch. nat., JJ 89—PP 117, Table des mémoriaux de la Chambre des comptes, fol. 397.

de cent royaux d'or, que Guillaume reçut le 31 janvier 1361. Le sceau de sa quittance porte un écu chargé de *trois griffons rampants, accompagnés d'un besant(?) en abîme*[1], *penché, timbré d'un heaume cimé d'une tête de griffon dans un vol, supporté par deux magiciens*, avec la légende : « GVILLS MARCEL[2]. »

Des plaintes ayant été adressées à la justice du roi par divers marchands de Paris et autres personnes victimes de procédés usuraires et frauduleux de Guillaume Marcel, il fut poursuivi. De l'examen de ses comptes, il était apparu, au dire de l'accusation, « que ledit Guillaume estoit enrichi de quarante mil livres et plus, au grant grief, dommage de nous et de nostre peuple, si comme disoit et proposoit nostre dit procureur général, en requérant que, pour les causes dessus dites, ledit Guillaume fust condempné envers nous en la somme de vint mil livres, ou en aultre telle amende, comme noz diz conseillers regarderoient. Lequel Guillaume proposa pluseurs raisons à sa défense en niant les fais dessusdiz ou en justifiant yceulx. » Il n'en suppliait pas moins les conseillers du roi de l'admettre à transiger moyennant finance, ce qui lui fut accordé par lettres de rémission du 19 janvier 1363 (n. st.). Dans leurs considérants, ces lettres constatent qu'il avait été otage en Angleterre avec plusieurs bourgeois des bonnes villes de France et qu'il venait de payer au trésor royal la somme de 800 francs d'or à titre de transaction. Toutefois, les victimes des contrats usuraires de Guillaume n'en conservaient pas moins la faculté de le traduire en justice[3].

Guillaume Marcel avait été délégué par son cousin Étienne à la direction des finances de la municipalité parisienne; à ce titre, il fut accusé d'avoir pris, en 1358, au trésor de l'église Notre-Dame, une somme de 130 marcs d'argent, de complicité avec Nicolas le Flamenc[4], drapier, bourgeois de Paris, autre fauteur des actes du tribun. Une transaction intervenue le 8 avril 1364

1. Ce besant posé en abîme était une brisure de cadet.

2. Demay, *Sceaux de Clairambault*, n° 5640.

3. Pièce just. XIX. — Ce document donne de curieux détails sur les procédés usuraires alors en usage.

4. Nicolas le Flamenc obtint du régent, en août 1358, des lettres de rémission, données en présence de Pépin des Essarts, Jean Maillart et plusieurs autres membres du conseil du prince (Arch. nat., JJ 86, n° 209, fol. 68).

entre le chapitre de Notre-Dame et les délinquants termina ce litige[1].

Une autre lettre d'accord en Parlement, du 10 mai suivant, nous apprend qu'une action judiciaire avait été intentée par ce même chapitre contre ledit Guillaume, à raison d'un enlèvement de vases sacrés pour cause de fait de guerre[2]; Guillaume exerçait toujours sa profession de changeur sur le Grand-Pont[3], et le clergé n'avait pas seul à se plaindre de ses exactions; divers méfaits lui étaient encore reprochés au préjudice de Jean Richard, de Hugues Bernier et autres bourgeois de Paris[4].

Nous rencontrons une dernière fois Guillaume Marcel et sa femme, « Perrenelle » N..., dans un acte du 2 septembre 1387, par lequel ils vendent à Amaury d'Orgemont, chevalier, seigneur de Marignies et du Pin, maître des requêtes du roi, une rente de cent dix livres sur la boîte et coutume du poisson des halles[5]. Guillaume tenait cette rente de son aïeul Pierre Marcel, au profit duquel le roi l'avait constituée en 1311, comme on l'a vu précédemment.

Première branche.

III. — Jean Marcel, bourgeois de Paris, habitait en 1292, avec son frère Étienne, une maison sise « rue de la Rivière-Jehan-le-Cras »; ils furent alors taxés à 16 livres; le registre de la taille pour 1296 inscrit Jean Marcel seul dans la quête de « la Draperie jusques à la faute du Pont »; en 1297 et 1298, son domicile est « en la Peleterie »; en 1299 et 1300, on l'indique « en la Viez Draperie, paroisse Saint-Pierre-des-Arsiz ». Le chiffre de sa taille, d'abord compris entre 8 livres et 9 liv. 5 s., s'éleva en 1313 jusqu'à 60 livres.

D'après la même source d'information, Jean Marcel était marié, en 1296, à Marie de Saint-Benoît; elle était fille de « sire[6] »

1, 3, 4. Siméon Luce, *Documents nouveaux sur Étienne Marcel,* dans les *Mém. de la Soc. de l'Hist. de Paris,* t. VI, 1880, p. 307 à 309, 320 à 324.

2. Pièce just. XXI.

5. Arch. nat., reg. LL 756. Cartulaire du XVIe siècle, fol. 238.

6. La qualification de sire, attribuée à Thomas de Saint-Benoît sur les rôles de la taille de 1292 et 1298, laisse supposer qu'il put être prévôt des marchands de Paris dans la période antérieure à 1289.

Thomas de Saint-Benoît, drapier, échevin de Paris en 1293, 1296, 1298, demeurant en la paroisse Sainte-Croix, « devers le moustier », et dont le nom figure parmi les quinze commissaires répartiteurs d'une taille de 10,000 livres tournois levée en 1302 pour l'ost de Bruges[1].

Marie mourut en 1305. Une lettre de l'official de Paris, de cette même année, 9 octobre, constate la donation faite à la Grande confrérie par Jean Marcel, fils de feu Pierre, d'une maison acquise par lui « oultre Petit-Pont, rue de Froitmantel, en la censive de la dite confraerie ». Une rente de 20 s. était consacrée dans l'acte à la fondation de deux messes, l'une pour l'époux survivant, l'autre de *requiem* pour l'épouse décédée[2].

Resté veuf avec un enfant, Jean Marcel ne tarda pas à se remarier. Avant 1313, il avait épousé Jeanne de Pacy, fille de Nicolas, bourgeois de Paris, marchand de vins en 1296[3].

---

1. Le Roux de Lincy, *op. cit.*, p. 59 de la 2e section.

2. Arch. nat., S 882[1], fol. 23 v°. Inv. analytique de 1347. — Cf. *Obituaires de la province de Sens*, t. I, 2e partie, p. 829 : « [18] aprilis XIIII kal. »

3. Nicolas de Pacy, conseiller de la ville de Paris en 1301, fondateur d'une chapelle en l'église Saint-Gervais en 1325, mourut en septembre 1328, laissant de sa femme, Émeline N..., trois fils et une fille : 1° Jean de Pacy, bourgeois de Paris en 1328, qualifié en 1343 seigneur de Bry-sur-Marne, par suite de l'acquisition qu'il en avait faite antérieurement, fut prévôt des marchands en 1352, 1353 et 1354. Jean de Pacy et son frère Jacques fondèrent, en 1349, la chapelle dite de Pacy en l'église Saint-Gervais à Paris. Jean de Pacy décéda avant 1370; ses descendants s'allièrent aux familles nobles de Valery, Des Essarts et de Châtillon-sur-Marne. — 2° Nicolas de Pacy, prêtre, chancelier de la cathédrale de Tournai, mort avant 1370. — 3° Jacques de Pacy, bourgeois de Paris en 1328, conseiller de Philippe VI dès 1339, conseiller au Parlement en 1344, qualifié seigneur de Villemerant et d'Ablon-sur-Seine dès 1349, institué maître lai en la Chambre des comptes par ordonnance royale du 28 août 1350, office qu'il exerça jusqu'à son décès, survenu le 8 octobre 1364; il avait été anobli sans finance par Philippe VI, en considération de son dévouement et de sa fidélité, suivant lettres de septembre 1339 (Arch. nat., JJ 72, n° 505, fol. 397). Jacques de Pacy assista, le 3 juin 1364, en la Chambre des comptes, en présence du roi, à la prestation de serment de Bertrand Du Guesclin, chambellan de Charles V, qui reconnut tenir à foi et hommage du roi de France le comté de Longueville, dont ce monarque venait de lui faire donation (Arch. nat., J 381, pièce n° 2, orig.). Jacques de Pacy avait épousé Yolande Des Essarts, puis Jeanne Coquatrix, dame de Bondoufle; les descendants de ce conseiller du roi devinrent seigneurs d'Ablon et de Lusarches. — 4° Jeanne de Pacy, femme de Jean Marcel, citée ci-dessus.

Nicolas de Pacy demeurait, en 1292, « rue Lambert-de-Chieles »; en 1296, 1298 et 1300, « rue des Estaus-aus-Bouchiers », quartier Saint-Jacques, et enfin, en 1313, sur la rangée de maisons « du coing devant Saint-Gervais jusques à Saint-Jehan à dextre ». Il était taxé, en 1292, à 7 liv. 15 s.; en 1296 et 1298, à 15 liv.; en 1300, à 14 liv., et, en 1313, à 75 liv.; ce dernier chiffre laisse supposer que sa fortune s'était fortement accrue. Jean Marcel demeurait, en 1313, dans la même rue que son beau-père, « tierce queste Saint-Gervais ».

En septembre 1311, moyennant une rente de 70 livres, Jean Marcel vendit au roi, pour l'agrandissement de son palais, une maison contiguë à celle de son frère Pierre, d'une part, d'autre, à celle de Simon de Tremblay, autrefois possédée par Philippe de Vitry, située sur le Grand-Pont de Paris, dans la censive du prieur et du prieuré de Saint-Éloy[1].

L'année suivante, en août 1312, il céda de même au domaine royal, contre une rente de 45 liv. 6 s., une autre maison contiguë à celle de ses frères Pierre et Jacques, d'une part, d'autre, à celle de Renaut Barbou[2].

A l'occasion d'une affaire de rapt, et sur la requête présentée par Nicolas de Pacy et son gendre Jean Marcel, le Parlement adressa au prévôt de Paris l'ordre de continuer les poursuites commencées contre Henri, valet de Guérin « d'Escrenes[3] », et Guillot, dit « Baillehoc », valet d'écurie, tous deux arrêtés pour avoir tenté, à Saint-Denis[4], d'enlever Jeanne de Pacy, fille de Nicolas et femme de Jean Marcel, en « frappant et maltraitant » ses domestiques. Le prévôt les avait mis en liberté sans entendre les plaignants. Ces malfaiteurs ont pris la fuite, et, s'ils ne répondent pas à l'assignation, ils devront être traités comme contumaces. Ce mandement est du 12 juillet 1317[5]. Un autre mandement du Parlement[6], daté du même jour, enjoint au prévôt de Paris de faire arrêter et mettre en prison au Châtelet Henri et Guillaume, dit « Baillehoc », pour y recevoir le châtiment de leurs démérites; une fois sous les verroux, défense est faite au prévôt de

---

1 et 2. Pièces just. V et VI.

3. Escrennes, Loiret, arr. et cant. de Pithiviers.

4. « Apud Sanctum Dionisium ubi eramus. » — C'est dans la domesticité du roi et pendant son séjour à Saint-Denis que la tentative de rapt avait eu lieu.

5 et 6. Pièce just. VIII.

Paris, au juge auditeur du Châtelet et au geôlier de les mettre en liberté sans autorisation.

Jean Marcel fut présent à la rédaction du testament de son beau-père, Nicolas de Pacy, devant le curé de l'église de Saint-Gervais, le jeudi avant l'Exaltation de la Sainte-Croix, 14 septembre 1325[1]. Il est un des sept exécuteurs testamentaires nommés, avec Jean Gencien, prévôt des marchands, ami du testateur.

De Marie de Saint-Benoît, sa première femme, Jean Marcel eut une fille, Jeanne, qui suit, et de Jeanne de Pacy, sa seconde épouse, décédée après 1325, un fils unique, Pierre Marcel, cité après la postérité de sa sœur[2].

IV. — JEANNE MARCEL, décédée avant 1340, avait épousé Renier Coquatrix, demeurant dans « la seconde queste de Saint-Jehan-des-Grès », où il est porté pour 11 liv. 10 s. à la taille de 1300[3]. Ils laissèrent un fils[4], qui suit.

V. — GEOFFROI COQUATRIX était marié, en 1329, avec Marguerite N..., dite Marguerite La Haudrie, veuve de Jean Haudry[5] et mère de Jeannette Haudry, dont Geoffroi Coquatrix et Marguerite N... avaient la tutelle. La veuve et les héritiers de Jean Haudry soutinrent contre la châtelaine de Sens un procès devant le Parlement, qui condamna la châtelaine par arrêt du 11 février 1329 (n. st.)[6]. Geoffroi Coquatrix mourut avant 1340, laissant, de Marguerite La Haudrie, une fille mineure citée ci-après.

VI. — Par arrêt du Parlement du 17 juin 1340, JEANNETTE COQUATRIX fut déclarée héritière des biens de Jacquelotte Marcel, décédée sans postérité, à l'encontre d'André Marcel, grand-oncle de la défunte, prétendant à la succession[7]. Dans la suite, Jeanne Coquatrix épousa Jean Pocheron, dit de Sainte-Croix, écuyer[8]. Ils eurent un procès avec leur belle-mère et mère au sujet de 36 livrées parisis assises sur divers héritages appartenant en

1. Arch. nat., LL 183. *Grand cartulaire de N.-D. de Paris*, fol. II^c XLVI.
2, 3, 7. Pièce just. XV.
4. Arch. nat., KK 283. *Rôle de la taille de Paris de 1296 à 1300*, fol. 277 v°.
5 et 6. Ibid., X1A 6, fol. 29.
8. Léon Le Grand, *la Veuve d'Étienne Marcel*, dans le *Bull. de la Soc. de l'Hist. de Paris*, 1897, p. 143.

propre à ladite Jeanne et situés en la châtellenie de Château-Thierry; une sentence arbitrale ayant condamné Marguerite La Haudrie, celle-ci en appela au Parlement, devant lequel elle finit par se désister, le 3 avril 1357 (n. st.)[1].

IV. — PIERRE MARCEL, marié à N..., eut une fille unique, qui suit.

V. — JACQUELOTTE MARCEL, seule héritière des biens de son père, mourut sans postérité vers 1340. Sa succession excita la convoitise d'André Marcel, son grand-oncle, qui fut débouté de ses prétentions[2].

Deuxième branche.

III. — JACQUES MARCEL, bourgeois, marchand drapier, demeurait en 1292 avec son frère Pierre, dit le jeune, « rue de la Rivière-Jehan-le-Cras ». Séparé de son frère, il habitait, en 1297, sur la paroisse Saint-Jacques, « rue des Pelletiers », sur « le renc de la Tannerie devers l'yaue »; en 1298, à « la Draperie en venant à dextre vers le Court-le-Roy »; en 1299, il demeurait sur la paroisse Saint-Gervais. Il exerçait encore le commerce de draps en la Pelleterie, paroisse Saint-Barthélemi, en 1313 et 1319. Sa quote-part dans la taille de 1292 montait à 28 livres; en 1297, à 24 liv. 10 s.; en 1298, à 36 livres. Il semble avoir fait ensuite une grande fortune, car sa taxe, en 1313, fut portée à 135 livres; c'est le chiffre le plus élevé de cette année-là[3].

Suivant lettres royales de septembre 1311, Jacques Marcel vendit au roi, pour l'agrandissement du Palais, sa maison située au bord de la Seine, *pro domo existente super Secanam*, moyennant une rente de 120 livres sur la coutume et les revenus de la halle au poisson[4].

L'année suivante, les deux frères cédèrent encore au roi, contre une nouvelle rente de 25 livres chacun, assignée de même, leur grande maison avec une autre plus petite, situées en face de la Seine, près du Palais[5].

---

1. Arch. nat., X1A 16, fol. 439.
2. Ibid., X1A 8, fol. 115.
3. *Livre de la taille de Paris en 1313*, dans J.-A. Buchon, *Chroniques nationales françaises*, 1827, t. IX, p. 152.
4 et 5. Pièces just. IV et VII.

Ayant, en 1319, acheté des Carmes, pour 500 livres, le couvent que ces religieux avaient abandonné, Jacques institua dans leur ancien sanctuaire deux chapellenies, à chacune desquelles il assigna 20 livres de rente, suivant acte passé en présence de ses frères Simon et André et approuvé le 1er juin 1319 par l'évêque de Paris. C'est là qu'il fut inhumé en 1320, sous un marbre noir, à côté de son frère Étienne, décédé l'année précédente[1]. Jeanne Coquatrix, sa femme, alla rejoindre son mari sous ce même marbre, où se voyaient leurs armoiries[2]. On connaît déjà le blason des Marcel; celui des Coquatrix portait : *D'azur, au sautoir engrêlé et lozangé d'argent et de gueules, cantonné de quatre dragons [volants] d'or*[3].

Jacques Marcel et Jeanne Coquatrix laissèrent trois enfants :

1° Marie Marcel, qui suit.

2° Garnier Marcel, cité après sa sœur Marie.

3° Agnès Marcel, mentionnée après son frère.

IV. — MARIE MARCEL épousa en premières noces Estevenot ou Étienne Bourdon du Pois[4], issu d'une très notable famille parisienne qui a laissé son nom à la rue des Bourdonnais, habitée par plusieurs de ses membres au XIIIe siècle[5]. Estevenot Bourdon du Pois[6], demeurant en 1300 sur « le renc de Male-Parole »,

---

1. Pièce indiquée dans Guérard, *Cartul. de N.-D. de Paris*, t. III, p. 253, et publiée depuis, avec la précédente, par Émile Raunié, *Épitaphier du Vieux Paris*, 1893, in-4°, t. II, p. 304, n. 3, et 305, n. 1.

2. Bibl. de l'Arsenal, ms. 5406, fol. 159 r°. — Bibl. nat., Cabinet des titres, ms. 515 (F. fr. 32,341), fol. 267 r°.

3. Les épitaphiers ci-dessus donnent à ce blason un *sautoir* losangé *d'argent et de gueules*, confusion vraisemblable avec celui des Marcel, qui s'y trouvait accolé. L'erreur est suffisamment démontrée par les sceaux de Geoffroy Coquatrix et l'épitaphe d'Eudeline relevés un peu plus loin.

4. Le « Pois », autrement dit « Pois-le-Roi », était la maison où se tenait le poids public.

5. Guillaume Bourdon, prévôt des marchands en 1280, fut réélu en 1296. Ses armoiries étaient : *d'azur, à une épée d'or chargée au centre d'une coquille oreillée d'argent, accostée de deux étoiles à cinq raies d'or.* A la taille de 1292, « sire Guillaume Bourdon » paya 40 livres; Bertaut et Étienne Bourdon, cités après lui, probablement ses fils, chacun 10 livres; tous trois sont inscrits dans « la rue Guillaume-Bourdon ». — Un autre Guillaume Bourdon fut aussi prévôt des marchands en 1381.

6. « Agnès la Bourdonne, du Pois, » mère d'Estevenot, demeurait dans la même rue que son fils; elle fut taxée à 18 livres en 1300 (Arch. nat., KK 283, fol. 233).

paya 11 liv. 10 s. pour sa taille; il laissa au moins deux enfants, à savoir :

1° Pierre Bourdon, cousin germain d'Étienne Marcel, le futur prévôt, fut, par son oncle Simon Marcel, institué l'un de ses exécuteurs testamentaires, le 3 mars 1333 (n. st.). C'est probablement le même Pierre Bourdon que nous voyons échevin de Paris en 1355, 1356 et 1357, durant la prévôté d'Étienne, puis nommé tuteur, avec Jean Marcel, des enfants mineurs dudit Étienne, le 23 juillet 1359.

2° Agnès Bourdon avait épousé Jacques des Essarts, valet de Philippe VI, auquel le roi accorda, en mai 1335, l'autorisation d'accepter la succession de sa belle-mère, Marie Marcel, sous bénéfice d'inventaire[1].

Marie Marcel, devenue veuve, se remaria avec Geoffroi Coquatrix, bourgeois de Paris, ancien échanson de Philippe IV. Ce personnage, resté lui-même veuf avec enfants de son premier mariage[2], fut appelé à de hautes fonctions sous les trois prédécesseurs de Philippe VI, telles que « trésorier de leurs guerres, collecteur et receveur de pluseurs subvencions et subsides, commissaire sus faux monnoiers et abuseurs de monnoies, maistre et visiteur des ports et passages du royaume, et pluseurs autres offices en pluseurs et autres cas[3]. » Il avait été nommé maître de la Chambre des comptes en 1315, fonctions qu'il cessa le 7 juin 1316 et reprit ensuite à partir du 22 juillet 1319 jusqu'en 1321[4]. Il mourut avant 1325[5], sans avoir rendu ses derniers comptes au Trésor. La Grande confrérie célébrait son anniversaire le 3 septembre[6].

Redevenue veuve, Marie Marcel convola de nouveau, cette fois, avec Jean Billouart, également pourvu de quelque office de finance, car lui aussi mourut sans avoir pu rendre ses comptes. On men-

1. Pièce just. XIII.

2. Demay, *Sceaux de Clairambault*, n° 2761, décrit le sceau de Geoffroy, échanson en 1299 : *écu en sautoir engrêlé cantonné de quatre dragons ailés*. La rue Coquatrix, ainsi nommée de la résidence de cette famille, reliait la rue Saint-Pierre-aux-Bœufs à celle des Canettes.

3. Pièce just. XIV.

4. Bibl. Mazarine, ms. 3035, fol. 47.

5. Boutaric, *op. cit.*, t. II, n° 7680.

6. A. Molinier, *Obituaires de la province de Sens*, 1902, in-4°, t. I, p. 839.

tionne l'acquisition par lui faite en 1329 de 110 arpents de bois au territoire de Liverdis, près de Vieux-Corbeil[1].

Veuve pour la troisième fois, Marie, par son testament du 11 novembre 1334, léguait à la Grande confrérie une rente de 40 sous pour son anniversaire. Suivant l'usage, elle prend dans l'intitulé le nom de son dernier mari : « Marie Billouarde, veuve de Jehan Billouard[2]. »

Philippe VI termina l'affaire litigieuse des comptes inachevés de Geoffroi Coquatrix, de Marie Marcel et de son troisième époux, Jean Billouart. On transigea avec les héritiers des trois défunts moyennant 15,000 livres tournois, suivant lettres patentes d'avril 1340, confirmées par autres du mois de mai suivant[3]. Ces dernières lettres citent plusieurs personnages de la famille Marcel qui donnèrent leur « assentement et acort », au nom de Perrin, Maheut et Jehannin, « enfans et hoirs de feus Jehan Billouart et Marie la Marcelle ». Voici leurs noms : « Jehan Billouart[4] et Bernart Coquatrix[5], leurs frères ; mestre Symon de Nouville, dit d'Yenville, qui a épousé Jehanne[6], leur suer; Andrieu Marcel, Garnier Marcel, oncles ; Estienne Marcel[7], Jaques Marcel, Imbert de Lions, Pierre Bourdon, Jehan Marcel, drapier, tous bourgois de Paris, cousins, et mestre Guillaume Michiel, clerc de nostre thrésor à Paris, ami spécial et affin des enfans dessus dis : tous présens devant nos dites gens et trésorier, [lesquelz], pour eschiver le total deshéritement d'iceulz enfans, aient vendu... à Jehan

1. Lebeuf, *op. cit.*, t. V, p. 300.

2. Arch. nat., S 882[1], fol. 39.

3. Ibid., JJ 74, n° 194, fol. 113 ; JJ 72, n° 245, fol. 176 v°.

4. Demi-frère desdits enfants, né d'un premier mariage du père ; le même Jean Billouart paya au trésor 1,328 livres 2 sous pour sa portion sur les 15,000 livres tournois de la transaction (Ibid., JJ 74, n° 194).

5. Bernard Coquatrix devint échevin de Paris, en 1355, sous la prévôté d'Étienne Marcel ; il fut ensuite nommé maître lai de la Chambre des comptes, par lettres du 18 mai 1359, et prêta serment le 28 suivant (Bibl. Mazarine, ms. 3035, fol. 61). Son sceau porte : *un écu au sautoir engrêlé et à la bordure de même, cantonné de quatre lions rampants, timbré d'un heaume cimé d'un dragon* (Douët d'Arcq, *Coll. de sceaux*, t. II, n° 4098).

6. Jeanne Coquatrix fut inhumée dans l'église des Célestins sous une épitaphe ainsi relevée : « Simon le Grand, s[r] d'Inville, docteur en droit civil, advocat du Roi au Parlement, et Jeanne Coquatrix, sa femme, décédèz 1343, gisent sous une tombe de marbre noir devant le crucifix » (A. Molinier, *Obituaires de la province de Sens*, t. I, p. 724).

7. C'est le futur prévôt des marchands.

Poillevillain, cousin germain des diz enfanz, tous les héritages ci-après devisés par les condicions et manières qui s'ensuient..., et ledit Jehan Poillevillain paya au trésor pour les dis enfans, par suite de ceste vente, la somme de v^{m} cccxII livres x sols tournois... »

IV. — Garnier Marcel, bourgeois et échevin de Paris, taxé à 24 livres au rôle de 1313, est ainsi désigné : « Guernier, fils Jaques Marciau, gendre Geoffroy Coquatrix. » Il demeurait à cette date « en la Pelletrie » près de son père, « Jaques Marciau, drapier, « taxé à 135 livres, et de son oncle, « Symon Marciau, drapier, » taxé à 27 livres seulement. Garnier Marcel obtint de Philippe VI de pouvoir accepter, sous bénéfice d'inventaire, la part revenant à sa femme Eudeline, fille de Geoffroi Coquatrix, suivant lettres royales du 7 janvier 1330 (n. st.)[1]. Il figure en qualité d'oncle parmi les membres de la famille Marcel, dans une transaction qu'ils consentirent en 1340, au nom des enfants mineurs de Jean Billouart et de Marie Marcel.

Garnier Marcel et sa femme Eudeline Coquatrix, par acte du 20 novembre 1348, vendirent, moyennant 600 livres, à Fouques de Chanac, évêque de Paris, une rente de 50 livres à prendre sur le péage de Conflans-Sainte-Honorine[2].

A la sollicitation de Robert de Jussy[3] et du consentement de l'évêque, Garnier Marcel, alors échevin, patron présentateur des deux chapellenies fondées par son père dans l'ancien oratoire des Carmes, abandonna, en 1352, son droit de présentation, en même temps que la propriété du terrain, aux Pères Célestins, qui s'y établirent[4]. On a vu plus haut que ce couvent renfermait le tombeau des fondateurs. Leur fils Garnier y fut pareillement inhumé, sous un marbre noir où on lisait : « Icy gisent Garnier Marcel, bourgois et eschevin de Paris, et Eudelaine sa femme, [lesquels] décédèrent l'an M·CCC·LII. »

Armes : *D'azur, au sautoir engrêlé d'argent, cantonné de quatre dragons d'or*[5].

---

1. Pièce just. XI.
2. Guérard, *op. cit.*, t. III, p. 298.
3. Robert de Jussy, secrétaire des rois Philippe VI, Jean et Charles V, mourut en 1363 et fut inhumé dans la chapelle de Saint-Christophe du couvent des Célestins.
4. A. Molinier, *Obituaires de la province de Sens*, t. I, p. 707, 709, 721.
5. Émile Raunié, *Épitaphier du Vieux Paris*, 1893, gr. in-4°, t. II, p. 350.

D'après le nécrologe, Garnier mourut le 10 novembre; il ne paraît pas avoir laissé de postérité.

IV. — AGNÈS MARCEL, femme de Jean Poillevillain (ou Poislevillain), échevin de Paris, décédée en 1340, fut inhumée près de la sépulture de son père Jacques Marcel[1].

Jean Poillevillain est qualifié « honnorable homme et sage, maistre des eaux et forests du roy », dans une quittance de Bernard Cocatrix, du 12 mai 1346[2]. Il devint par la suite maître général des monnaies, fut nommé maître lai de la Chambre des comptes le 3 mars 1354, fit serment le 7 et fut destitué de cet office[3] le 27 mars 1357 (n. st.), à l'instigation d'Étienne Marcel.

Lors de la réunion des États généraux de 1356, les députés demandèrent que des poursuites immédiates fussent exercées contre sept conseillers du roi Jean, et parmi les accusés se trouvait Jean Poillevillain, bourgeois de Paris, maître de la Chambre des comptes du roi et principal instrument de ce prince dans les falsifications des monnaies. Cette dénonciation ne resta pas sans effet, car on voit, le 25 janvier 1357 (n. st.), Étienne Marcel, prévôt des marchands et député de la ville de Paris, ordonner des perquisitions chez Simon de Bucy, premier président du Parlement, Nicolas Braque, maître de l'hôtel du roy, auparavant trésorier et maître des comptes..., et Jean Poillevillain, maître des comptes, qui lui étaient particulièrement suspects[4].

Mais, après le rétablissement de l'autorité royale, le dauphin, rentré dans Paris, donna à Jean Poillevillain des lettres patentes attestant sa loyauté, son expérience dans l'administration des monnaies et témoignant « le grant affection et vif désir que il a de mettre l'estat des monnoies au-dessus, pour le commun prouffit de tout le peuple du royaume... » Ces lettres furent rédigées

Outre l'épitaphe ci-dessus, la notice du couvent des Célestins reproduit la donation de Garnier, p. 304, n. 3, et l'approbation de l'évêque, p. 305, n. 1.

1. Bibl. nat., ms. fr. 8216. *Recueil d'épitaphes de Paris*, fol. 167.

2. P. Anselme, *Grands officiers de la couronne*, t. VIII, p. 859. Suivant un acte original du fonds Gaignières, Marguerite Poillevillain, sœur de Jean, décédée avant 1363, avait épousé Gencien Tristan, maître et enquêteur des eaux et forêts de Jean, duc de Normandie. Sur les Tristan et leurs alliances avec les Marcel et les Poillevillain, voir le P. Anselme, t. VII, p. 743.

3. Bibl. Mazarine, ms. 3035, p. 57.

4. F.-T. Perrens, *Étienne Marcel* (1860), p. 97, 119.

en octobre 1358, en présence de vingt membres du conseil du régent, officiers de la couronne, chevaliers et autres, parmi lesquels se remarque le nom de « Pepain des Essars[1]. »

Par autres lettres du dauphin du 28 mai 1359, les magistrats et fonctionnaires destitués par l'article XI de l'ordonnance de mars 1357 furent « rétablis dans leurs estats et offices, honneurs et bonne fame »; cette réhabilitation concernait entre autres : « Messire Symon de Bucy, chevalier, premier président du Parlement; messire Robert de Lorriz, chevalier, du grant et secret conseil; mestre Pierre d'Orgemont, président audit Parlement...; Jehan Poillevillain[2], mestre de la Chambre des comptes et général souverain mestre des monnoies du royaume de France[3]. »

Troisième branche.

III. — ÉTIENNE MARCEL, marchand drapier, demeurant avec son frère Jean, « rue de la Rivière-Jehan-le-Cras », fut avec lui taxé à 16 livres en 1292. Étienne figure isolément, comme il suit, aux rôles postérieurs : en 1296, section de « la Draperie jusques à la faute du Pont », 9 liv. 15 s.; en 1297 et 1298, en « la Pèleterie », 8 livres une année, 11 liv. 10 s. l'autre; en 1299 et 1300, en « la Draperie sus le Pont, paroisse Saint-Barthélemi », 15 livres; en 1313, au « quarrefour de Saint-Merri » 22, livres.

Déjà mentionné dans les comptes, ainsi que son père Pierre l'aîné, comme un des fournisseurs habituels du comte d'Artois, Robert II, Étienne conserva la clientèle de la comtesse Mahaut, sa fille : témoin une fourniture de draps de livrée de 1,058 livres par lui faite au terme de Pâques 1305[4].

Dans un procès intenté par Jean Le Breton à Guillaume Pizdoe, prévôt des marchands, Étienne Marcel, son frère Pierre, Étienne Barbette et Jean Gencien, choisis comme arbitres, avaient rendu leur sentence en février 1312 (n. st.). Jean Le Breton en

1. Arch. nat, JJ 86, n° 399, fol. 138.

2. Le sceau de Jean Poillevillain, conseiller du roi en 1356, est ainsi décrit dans Demay, *Sceaux de Clairambault*, n° 7234 : Écu parti : au 1, *un lion à la bande brochant:* au 2, *une demi-croix engrêlée, accompagnée en chef et à senestre d'une merlette.*

3. *Ord.*, t. III, p. 343.

4. Communication de A. Guesnon, dans le *Bull. de la Commission des mon. hist. du Pas-de-Calais* (1892), t. I, p. 257.

appela et fut débouté par arrêt du Parlement, le 25 avril 1312[1].

Étienne Marcel mourut en 1319, un an avant son frère Jacques. Leurs tombeaux, comme on l'a déjà dit, se voyaient l'un à côté de l'autre dans l'église des Célestins. Sa veuve, Jeanne N..., décédée vers 1348, avait donné, par testament du 21 septembre 1334, une rente de 40 sous pour un obit en la chapelle de la Grande confrérie; ses exécuteurs testamentaires étaient Jean Bourdon, le fils, et Jean Giffart, son gendre. Ceux-ci, accompagnés de Jean Marcel, drapier, fils de la défunte, et de Peronelle Marcel, sœur dudit Jean Marcel et femme de Jean Giffart, approuvèrent cette fondation par acte du 25 juillet 1348 et assignèrent la rente sur une maison rue des Jardins, dite rue des Billettes, « devant l'ostel où Dieu fu bouli.. » Cette pièce est annexée à un acte du 3 octobre 1427, par lequel la Grande confrérie échangeait cette rente contre une autre que possédaient les religieux des Billettes sur l'hôtel des « Quatre-Fils-Hémon », appartenant aux premiers contractants et situé à la porte de Paris, devant la Grande Boucherie, près du Châtelet[2].

De l'union d'Étienne Marcel avec Jeanne étaient nés quatre enfants :

1° Peronelle Marcel, femme de Jean Giffart, drapier, bourgeois de Paris en 1334 et 1348, l'un des exécuteurs testamentaires de son beau-frère Jean Marcel et de sa belle-mère[3].

2° Jean Marcel avait ordonné, par son testament, qu'une messe serait chantée « chascun jour perpétuellement en l'église paroichial de Saint-Barthélemy en la Cité de Paris » ; ses frères Simon et Jean, ainsi que Jean Giffart, approuvèrent la fondation et assurèrent un revenu de 24 livres au

---

1. Boutaric, *op. cit.*, t. II, n° 3937.

2. Pièce just. XVI. — Sur la profanation du Juif Jonathas et le « Miracle de l'hostie », voir, à cette date, les *Grandes Chroniques de Saint-Denis* et autres, dans le *Rec. des hist. de la France*, t. XX, p. 658; XXI, p. 127; XXII, p. 33. Des notices du collège des Billettes et des chanoines de Sainte-Croix, mentionnés dans la pièce ci-dessus, sont données par Le Roux de Lincy et Tisserand, *Paris et ses historiens*, 1867, in-4°, p. 152, n. 2 et 3.

3. Philippe Giffart, échevin en 1356, 1357 et 1358, l'un des complices du prévôt, fut tué à la bastille Saint-Antoine, en même temps qu'Étienne, dans la nuit du 31 juillet 1358. Il est cité parmi les principaux adhérents de la révolte dans les lettres de rémission accordées par le dauphin à Jean Marcel, frère du prévôt des marchands. Philippe Giffart était probablement fils de Jean et de Peronelle.

chapelain, suivant lettres d'amortissement de juillet 1334[1], confirmées par autres lettres royales de janvier 1336 (n. st.).

3° Simon Marcel, qu'on vient de nommer.

4° Autre Jean Marcel, drapier, bourgeois de Paris en 1334 et 1348, cité plus haut, fit une fourniture à la comtesse d'Artois de deux draps violets de Louvain, suivant quittance du 28 avril 1328, revêtue de son sceau portant un écu *chargé de trois quintefeuilles, à la bordure besantée*, et pour légende : [SEEL JEH[ANOT] MAR[CEL][2]. Le même Jean Marcel légua 40 sous de rente à la Grande confrérie pour son obit fixé au 12 juin, d'après la déclaration faite le 19 septembre 1363 par ses exécuteurs testamentaires et ceux de sa femme « Jehanne la Marcelle[3]. »

III. — ANDRÉ MARCEL, drapier, domicilié, en 1298, à « la Peleterie, paroisse Saint-Barthélemi »; en 1299 et 1300, à « la Draperie sus le Pont », en ladite paroisse; en 1313 « en la Vielz Draperie », fut taxé, en 1298 et 1299, à 105 sous; en 1300, à 100 sous; en 1313, à 30 livres.

Le 10 août 1315, André Marcel, de Saint-Cloud, et Jeanne, sa femme, déclarèrent avoir vendu pour 60 sous à Guillaume, évêque de Paris, 8 sols parisis de surcens annuel provenant de feu Jean Marcel, prêtre, oncle d'André, ledit surcens assis sur une maison, des jardins et des vignes tenus par Guillaume le Coutillier, au lieu dit Aunay, territoire de Saint-Cloud[4].

André Marcel fut institué exécuteur testamentaire par son frère Simon le 3 mars 1333 (n. st.). Nous le trouvons cité, le 27 juillet 1338, dans l'assemblée des confrères des pèlerins de Saint-Jacques à Paris avec « sire » Pierre des Essars, Jean Pizdoe et son neveu

---

1. Pièce just. XII.

2. *Inv. sommaire des arch. du Pas-de-Calais*, série A, t. I, p. 355, n° A483. — Demay, *Sceaux de l'Artois*, n° 1260.

3. « Junius. — II idus. Anniversarium Johannis Marcelli drapperii, qui legavit confraternie XL sol. annui redditus super quadam domo sita prope hallas Parisius, de quibus habent sacerdotes in vigiliis et missa XX sol., residuum ad opus elemosine » (Arch. nat., LL 436. Obituaire, fol. 21).

« Aprilis. — IIII kal. Anniversarium Johanne la Marcelle que legavit confraternie XL sol. annui redditus, de quibus habent sacerdotes in vigiliis et missa XX sol » (Ibid., fol. 15). — Ces deux anniversaires ne sont pas repris dans les *Obituaires de la province de Sens*, t. I, 2e partie.

4. Guérard, *Cartul. de N.-D. de Paris*, t. III, p. 220.

Étienne Marcel[1]. Le même André Marcel ayant élevé des prétentions sur la succession de Jaquelotte Marcel, fille de son neveu Pierre, perdit sa cause à la prévôté de Paris, puis au Parlement, le 17 juin 1340[2]. L'obituaire de l'abbaye de Port-Royal inscrit au 8 mars l'anniversaire de Béatrice, jadis femme d'André Marcel, bourgeois de Paris[3].

Quatrième branche.

III. — SIMON MARCEL[4], drapier, bourgeois de Paris (fils de Pierre Marcel le vieux et père du célèbre tribun), demeurait, en 1296, section de « la Draperie jusques à la faulte du Pont »; en 1297 et 1298, à « la Peleterie, paroisse Saint-Barthélemi »; en 1299 et 1300, à « la Draperie sus le Pont », conséquemment dans la même rue que son frère Jacques, père de Garnier, l'un et l'autre beaucoup plus riches que lui, à en juger du moins par les rôles de la taille, où son chiffre, après avoir oscillé, suivant les années, entre 4 livres et 8 livres, ne dépassait pas 27 livres en 1313.

Simon Marcel, drapier, bourgeois de Paris, avait épousé Isabelle, dite la Délice[5], fille de feu Bertaut Barbou, lui-même fils de feu sire Renaut Barbou l'aîné, qui avait légué à sa petite-fille, comme aide de mariage, 40 livres de rente sur le Châtelet de Paris. Par acte du 1er mai 1319, les conjoints échangèrent cette

---

1. H. Bordier, *la Confrérie des pèlerins de Saint-Jacques et ses archives*, 1875, p. 31, 33.

2. Pièce just. XV.

3. Molinier, *Obituaires de la province de Sens*, t. I, p. 638.

4. Ne pas confondre Simon Marcel, fils de Pierre Marcel le vieux, indiqué ci-dessus, avec un autre Simon, son contemporain, celui-ci gendre de Simon de Saint-Cloud, drapier, conseiller de la ville de Paris en 1301.

5. La pièce originale n'existant plus, l'exactitude absolue de ce surnom ne peut nous être garantie par une copie du XVIIIe siècle, où on lit, dès la première ligne, Henri de *Triperel* au lieu de *Taperel*, et plus loin *Bertrand* Barbou au lieu de *Bertaut*, sans parler de tant d'autres invraisemblances orthographiques de la transcription. On peut donc se demander si « La Delice » ne serait pas une autre fausse lecture pour « La Deliée », « La Deugie = *delicata* », épithète courante de notre vieille langue, analogue à « La Doulce », dans Molinier, *Obituaires de la province de Sens*, t. I, p. 846 : « 13 mai : Obitus fundatus per Nicolaum Haudri et Mariam *la Doulce*. » On ne sera fixé sur ce point que par la découverte d'un texte décisif.

rente avec les religieuses des Sœurs Mineures de l'Humilité-Notre-Dame de Longchamp, près Saint-Cloud, contre les legs et dons qu'elles tenaient de feu Robert le Vinetier, bourgeois de Paris, à Choisy, Grignon et Thiais[1].

Renaut Barbou, aïeul d'Isabelle, est cité comme prévôt de Paris dans deux actes du Parlement de 1271 et 1273[2]. C'est ce même personnage qui, qualifié dans les titres « sire Renaud Barbou, familier du Roi et bourgeois de Chartres[3] », fonda dans cette ville un hospice pour les aveugles, appelé depuis les Six-Vingts[4].

Des lettres royales d'amortissement, de janvier 1292 (n. st.), avaient ratifié cette fondation. L'évêque de Chartres, en novembre 1294, y autorisa l'érection d'une chapelle, homologuant par le même acte le règlement des droits du fondateur, et de ses fils et petits-fils après lui, dans la présentation du chapelain et l'audition des comptes[5].

Renaut Barbou le vieux mourut en 1298[6], laissant une veuve, Julienne, qui lui survivait en 1314[7], et deux fils, Renaut et Bertaut; son troisième fils, Étienne, n'existait déjà plus lors de la

1. Pièce just. IX.

2. Boutaric, *op. cit.*, t. I, n°° 1654, 1883.

3. Barbou se rencontre fréquemment dans les documents chartrains, dès le XII° siècle, comme nom de personne et nom de lieu. Voir Guérard, *Cartul. de Saint-Père.* — Cf. de Lépinois et Merlet, *Cartul. de N.-D. de Chartres*, t. I, p. 134, n. 2.

4. M. Léon Le Grand a résumé l'histoire de cet hospice à la fin de son beau travail sur *les Quinze-Vingts*, inséré dans les *Mém. de la Soc. de l'Hist. de Paris*, t. XIII et XIV (p. 301 du tirage à part. Paris, 1887, in-8°). Ses références ont guidé nos recherches.

5. E. de Lépinois, *Hist. de Chartres* (1854), t. I, p. 154, 344, 345. — Pièce just. I.

6. Arch. de l'Hôtel-Dieu de Chartres, fonds des Six-Vingts : *Table hist. et chron. des titres et papiers qui restent à l'hôpital des Aveugles de Chartres*, p. 15. Ce cahier de 74 pages, coté D 1, est une sorte de répertoire analytique, systématique et critique, dressé vers 1304 par un administrateur anonyme, lequel s'y attache à faire ressortir la mauvaise gestion du deuxième Barbou, voire ses prétendues malversations. Ce travail, utilisé par l'auteur de l'*Hist. de Chartres*, ne serait-il pas la source à laquelle renvoient ses références (t. I, p. 345, n. 1), sous la désignation impropre de *Petit Cartulaire*, document que M. Lucien Merlet a supposé disparu et signalé comme tel dans la préface de son *Inv. sommaire des arch. hospitalières de Chartres* (1890), p. XVII, n. 1 ?

7. Arch. des Six-Vingts. *Table hist. et chron.*, juillet 1314 (p. 29).

précédente convention administrative[1]. Les titres mentionnent en outre sa fille Isabeau, morte avant 1300[2], et sire Martin des Moulins, son gendre[3], tige des futurs officiers de ce nom attachés à la cour de Parlement.

Quatre ans avant la mort du père, l'aîné de ses fils, Renaut Barbou le jeune, était bailli de Rouen, charge qu'avait exercée Renaut Barbou le vieux en 1276 et 1278, puis, avec celle de bailli de Caen, en 1281, 1282 et 1285[4]. Dans l'*Inventaire d'anciens comptes royaux* de Robert Mignon[5] on rencontre fréquemment le nom du second Renaud, bailli de Rouen, joint à la mention d'opérations financières comprises entre 1294 et 1315[6].

En dehors de son rôle administratif, l'importance du personnage est encore attestée par sa présence à la grande assemblée du Louvre, le 12 mars 1303[7].

Marié à une fille de Jean de Tremblay, riche drapier de la Cité et beau-frère de Jean de Tremblay, avec lequel il fit cause commune en 1310 dans un procès en Parlement[8], on voit Renaut Barbou le jeune figurer, comme conseiller laï en la grand'-chambre de cette cour suprême, dans un arrêt du 13 mars 1316 (n. st.)[9], ainsi que sur les rôles judiciaires de juin et décembre de la même année[10].

Il avait renoncé, en 1322, à la direction de l'hospice de Chartres[11]. Le grand aumônier du roi prétendit alors le dépouil-

1. Pièce just. I.

2. L. Merlet, *Inv. sommaire*, 1300 (p. 108).

3. Arch. des Six-Vingts, *Table hist. et chron.*, 9 septembre 1307 (p. 29).

4. De Lépinois et Merlet, *Cartul. de N.-D. de Chartres*, t. II, p. 198. Attestation du 2 avril 1276 (n. st.) et n. 2. — Brussel, *De l'usage général des fiefs*, t. I, p. 489, 490. — *Rec. des hist. de la France*, t. XXII, p. 759.

5. Publié par Ch.-V. Langlois. Paris, 1899, in-4°.

6. Les dates extrêmes de cette série de comptes, 1294, 1296 et 1315, sont les seules où Renaut Barbou, le jeune, soit dit bailli de Rouen. Aux dates intermédiaires, 1299, 1300, 1301, 1302, 1303, 1304-1308 et 1314, on ne lui donne aucune qualification.

7. G. Picot, *Doc. relatifs aux États généraux sous Philippe le Bel*. Paris, 1901, in-4°, p. 52 et note.

8. Boutaric, *op. cit.*, t. II, n° 3856.

9. *Ibid.*, n° 4754.

10. *Ibid.*, n°° 4482A, 4490B.

11. E. de Lépinois, *op. cit.*, t. I, p. 345, d'après la *Table hist. et chron.*, p. 15 de ce ms.

ler à son profit du droit exclusif de contrôle sur les admissions; mais il fut maintenu en possession par lettres royales de juillet 1325[1].

On a vu plus haut que Renaut Barbou possédait en Cité une maison contiguë à celle que Jean Marcel vendit au roi en 1312.

Deux mandements de 1297, adressés au verdier de Roumare, nous ont conservé les sceaux du bailli de Rouen, l'un d'office, à l'écu de France, *semé de fleurs de lys*, avec la légende : S. RENAVT BARBOV, BAILLIV DE ROVEN[2], l'autre personnel, légende détruite, où l'on voit pour armes *quatre pals*[3].

Bertaut Barbou, frère du précédent, second fils de Renaut le vieux, nous est imparfaitement connu; sa carrière moins brillante fut aussi de plus courte durée; on vient de voir que sa mort avait précédé l'échange fait, au nom d'Isabelle sa fille et de son gendre Simon Marcel, de la rente léguée à celle-ci sur le Châtelet par le testament de son aïeul[4].

Quant à Simon, il fit son testament le 3 mars 1333 (n. st.), instituant pour ses exécuteurs testamentaires sa femme Isabelle, son frère André, son fils Étienne et son neveu Pierre Bourdon. Il léguait à la Grande confrérie, pour son obit avec vigiles, une rente de 40 sous[5], dont la délivrance et l'assignation furent faites par ledit Étienne Marcel et Marguerite des Essarts, sa femme, suivant acte notarié, scellé à la prévôté de Paris le 22 juillet 1348[6].

---

1. Pièce just. X.

2. Voir dans Demay, *Sceaux de Clairambault*, n° 652, ce même sceau d'office de Renaut Barbou, bailli de Rouen, au bas d'une quittance du 5 avril 1299.

3. Bibl. nat., *Pièces orig.*, t. 192.

4. A titre d'indication sur la fortune des Barbou, notons que, pour sa taille, Renaut payait 7 livres 10 sous en 1299 et 1300, son beau-père 38 livres en 1300 et sa belle-mère, Isabelle de Tremblay, drapière, 75 livres en 1313.

5. « Martius. — V non. Anniversarium Symonis Marcelli draperii, qui legavit confraternie XL sol. annui redditus, de quibus habent sacerdotes in vigiliis et missa XX sol., residuum pro elemosyna » (Arch. nat., LL436, fol. 8 r°). Cet anniversaire manque dans les *Obituaires de la province de Sens*, t. I, p. 83. — Comme on l'a vu plus haut, un autre obit était célébré le 29 janvier à la Sainte-Chapelle en mémoire de Symon Marcel, l'aîné (*senioris*), et de Pierre Marcel, le jeune (*junioris*) (Molinier, *Obituaires de la province de Sens*, t. I, p. 815).

6. Pièce publiée par Léon Le Grand, *Bull. de la Soc. de l'Hist. de Paris*, année 1897, p. 149.

Simon Marcel ne laissa que deux fils et une fille :

1° Étienne Marcel, qui suit.

2° Jean Marcel, bourgeois, emprisonné après la mort de son frère comme complice de sa révolte, fut gracié quelques jours après, vers le 10 août 1358, en considération, disaient les lettres du dauphin, de sa bonne réputation avant « les rebellions et traysons... et pour contemplacion d'aucuns de ses prochains amis et de pluiseurs et grant quantité du commun de lad. ville de Paris, habitanz et demouranz oultre Petit-Pont, qui de ce nous ont supplié humblement. » Cette rémission lui valut en outre la restitution de tous ses biens confisqués[1]. L'année suivante, par acte du 29 juillet 1359, il était nommé tuteur des enfants mineurs de son frère Étienne[2]. Quatre ans plus tard, le 25 septembre 1363, il se désista, ainsi que plusieurs parents de son frère, de l'opposition par eux faite à la vente des biens d'Étienne, situés à Ferrières-en-Brie, Ablon, Villeneuve-le-Roi, Thiais, Choisy et Paris[3].

3° Jeanne Marcel, femme de Nicolas d'Amiens[4], fut, par arrêt du Parlement de novembre 1362, maintenue en possession de son tiers dans la succession de ses père et mère, comprenant : 1° 100 sous de rente; 2° 8 livres de rente sur l'apport dotal de Marguerite des Essarts, seconde femme d'Étienne Marcel; 3° 52 livres de rente sur divers biens à Paris[5].

---

1. Arch. nat., JJ 86, n° 195, fol. 64. Le scribe a, par méprise, enregistré cette lettre sous la date 1348, au lieu de 1358, sans indication de mois et de jour. Secousse (*Charles le Mauvais*, II, 139) et S. Luce (*Bibl. de l'Éc. des chartes*, 5e série, I, 81) l'ont successivement publiée, en rectifiant le chiffre erroné. L'ordre chronologique des lettres qui précèdent ce document et de celles qui le suivent justifie la date approximative du 10 août, date commune d'ailleurs à quatre autres lettres de rémission relatives aux mêmes événements.

2. Eugène Déprez, *les Enfants d'Étienne Marcel*, dans le *Bull. de la Soc. de l'Hist. de Paris*, 1897, p. 86.

3. Pièce just. XX. — Les parents qui renoncèrent furent : Pierre Bourdon, Marguerite des Essarts, veuve d'Étienne, Nicolas d'Amiens, Simon de Saint-Benoît, Jean Marcel, frère d'Étienne, et Jacques de Pacy, conseiller du roi.

4. *Le Livre de la taille de 1313* fait mention (p. 93) d'un autre Nicolas d'Amiens, taxé avec ses enfants à la somme de 60 livres parisis.

5. Siméon Luce, *Documents nouveaux sur Étienne Marcel*, dans les *Mém. de la Soc. de l'Hist. de Paris*, 1879, p. 315.

IV. — Étienne Marcel, bourgeois de Paris, marchand drapier, désigné dans le testament de son père du 3 mars 1333 (n. st.) comme l'un de ses exécuteurs testamentaires, figure, à titre de parent des enfants mineurs de Jean Billouart et de Marie « la Marcelle », parmi les membres de la famille Marcel repris dans une lettre royale de mai 1340[1].

Le compte de la Grande confrérie de Notre-Dame, finissant au 15 août 1350, le mentionne comme prévót en exercice, fonction qui durait deux ans[2]. La confrérie des Pèlerins de Saint-Jacques le compta, dès 1338, parmi ses membres; on relève plusieurs fois son nom dans les procès-verbaux de ses assemblées, notamment dans celui du 30 juillet 1357, relatif à l'élection des maîtres et gouverneurs de cette confrérie, où sont cités : « Sire Estienne Marcel, prévost des marchans de la ville de Paris; sire Jehan de Pacy; Jehan de Lille le jeune...; Michel le Féron, receveur de Paris, » et trente-huit autres confrères[3]. Comme on l'a déjà fait observer à diverses reprises, la qualification de sire donnée en 1357 à Étienne Marcel et à Jean de Pacy semble résulter de ce qu'ils avaient rempli l'un et l'autre les hautes fonctions de prévôt des marchands. Un procès-verbal antérieur, du 6 juillet 1355, cite parmi les vingt-huit confrères présents : « Sire Jehan de Pacy, sire Jehan Pizdoe, Estienne Marcel, » ce dernier sans qualification. On n'aurait donc eu droit au titre qu'à l'expiration de la deuxième année de cette magistrature.

Jean de Pacy fut prévôt des marchands de Paris en 1352, 1353 et 1354[4]. C'est à cette dernière date qu'étant sorti de charge, il fut remplacé par Étienne Marcel, resté en fonctions jusqu'en 1358.

Étienne avait épousé en premières noces Jeanne de Dammartin, décédée vers 1344. Il en eut une fille unique, morte avant sa mère. Une lettre du 22 juillet 1348, enregistrée au Châtelet, nous apprend qu'« Estienne Marcel, comme exécuteur de feue Jehanne, sa femme, jadiz fille Maheut de Dammartin, a baillé et assis à lad. confraerie (de Notre-Dame-aux-Bourgeois) XL sols parisis de rente, que lad. Jehanne avoit lessiez à lad. confraerie en

1. Arch. nat., JJ 72, n° 246, fol. 176.
2. Arch. nat., S 882[1], fol. XLIII, où on lit : « Estienne Marcel, lors prévost d'icelle confraerie, par le compte fini à la mi-aoust CCCL. »
3. H. Bordier, *op. cit.*, p. 31, 33.
4. Arch. nat., X1A 13, fol. 234; X1A 15, fol. 174.

son testament, donné l'an mil CCCXLIII, lundi veille Sainte-Croix en septembre (13 septembre 1344)...[1]. »

Le 11 novembre 1344, Étienne reconnaissait à Mathilde de Dammartin, sa belle-mère, la nue propriété de 852 liv. 8 s. 9 d. représentant la dot de Jeanne, dont il restait usufruitier après la mort de celle-ci, en vertu d'une donation entre vifs que s'étaient faite les deux époux[2].

Cet apport, excepté par arrêt du Parlement de la confiscation générale dont furent frappés, en 1358, les biens de la succession de Marcel, fit retour à Geoffroi de Dammartin[3], frère et héritier de cette première femme[4].

Le patrimoine du prévôt Marcel était peu considérable. Il dut sa fortune d'abord à son important commerce de la rue de la Vieille-Draperie, ensuite à ses mariages, au second surtout.

Ce fut entre 1345 et 1348 qu'Étienne convola avec Marguerite des Essarts. Elle lui apportait en dot 3,000 écus d'or, somme importante pour l'époque, à laquelle devaient s'ajouter les héritages qu'elle fit par la suite[5]. Marguerite était fille de Pierre des Essarts, bourgeois de Paris et conseiller de Philippe VI, décédé avant 1349. A cette date, Marcel était un des tuteurs des deux frères et d'une sœur de sa femme, comme on le voit à l'occasion de la vente faite par sa nouvelle belle-mère, Jeanne N..., à Pierre de la Forest, évêque de Tournai, de diverses rentes et possessions provenant de la succession de son mari. Dans l'acte passé le 18 novembre 1349, elle est citée avec les tuteurs de ses enfants mineurs : « ... Dame Jehanne, fame feu Pierre des Essars, jadis bourgois de Paris, et nobles hommes messires Philippe des Essars[6] et monsieur Robert de Lorris, chevaliers, Jacques de

1. Ibid., S 882[1], n° 98, fol. 41.
2. Léon Le Grand, *op. cit.*, p. 140.
3. Geoffroi de Dammartin, demeurant sur « le renc de la Courraerie par devers la rue Saint-Martin », fut taxé, pour la taille de 1292, à 4 livres, et, en 1313, à 90 livres; comme importance, cette taille vient la troisième après celle de Jacques Marcel, taxé à 135 livres. — Jean « de Dompmartin », maître clerc à la Chambre des comptes de Paris, mourut le 1er novembre 1319; Geoffroi de Dampmartin fut nommé auditeur à cette même Chambre le 15 février 1395 (Bibl. Mazarine, ms. n° 3035).
4. Siméon Luce, *op. cit.*, p. 306, 313, 315.
5. Secousse, *op. cit.*, t. II, p. 115.
6. Ce Philippe des Essarts, appelé ailleurs familièrement Pépin (voir Per-

Pacy, conseiller du Roy, Estienne Marcel et Symon de Damare, tuteurs et curateurs de Jehan, Martin et Marion, meneurs d'aage, enfans dudit feu sire Pierre[1]. »

Pierre des Essarts[2], le père de Marguerite, avait été nommé maître lai en la Chambre des comptes le 6 août 1336. Il exerçait cette fonction le 27 octobre 1345, lorsqu'il fut arrêté par ordre du roi et mis en prison. Il avait succédé à Martin des Essarts, nommé maître lai en 1315, confirmé par ordonnance de 1316 et de janvier 1319 et décédé le 29 novembre 1335[3].

L'obituaire de Longchamp fait mention d'une Yolande des Essarts, fille de feu sire Pierre, entrée dans cette abbaye à l'âge de dix ans, morte à quatre-vingts ans, le 15 août 1419[4].

Le désastre de Poitiers (19 septembre 1356), la captivité du roi Jean, la marche en avant des Anglais, les excès de la Jacquerie, le désarroi des provinces permirent à Étienne Marcel d'exercer un pouvoir absolu dans Paris. Son nom, ceux de son cousin Gilles Marcel et de Charles Toussac, échevin, tous trois députés de Paris pour le tiers état aux États généraux de 1357, figurent sur la liste des trente-quatre réformateurs ou membres du Grand Conseil imposés au duc de Normandie par l'assemblée des trois ordres[5], à l'instigation du prévôt, l'âme de cette grande assemblée.

Durant les six derniers mois de sa magistrature, le fougueux tribun finit par entrer en guerre ouverte avec le dauphin, et l'on

rens, éd. 1860, p. 317), était un des chefs des partisans du régent et se trouvait, le 31 juillet 1358, aux environs de la porte Saint-Denis, accompagné de son frère Martin, la veille de la mort de leur beau-frère, Étienne Marcel, que suivit aussitôt leur entrée dans Paris, le 1er août. La descendance de Philippe des Essarts s'éteignit en la personne de François des Essarts, chevalier, seigneur du Sautoir, lieutenant du roi en Champagne, tué à Trèves le 18 juin 1590. La famille des Essarts portait pour armes : *De gueules à trois croissants d'or.*

1. Léon Le Grand, *op. cit.*, p. 142.

2. Un Pierre des Essarts, valet du roi Philippe V (... *Petrus de Essartis, valletus noster*...), fut anobli, en considération de sa fidélité et de ses services, par lettres royales données à Loriac en 1320 (Arch. nat., JJ 59, fol. 271). Mais le nom de Pierre des Essarts ayant été porté par plusieurs personnages de la bourgeoisie parisienne, de 1313 à 1349, nous ne pouvons affirmer que cet anoblissement concerne le beau-père d'Étienne Marcel.

3. Bibl. Mazarine, ms. n° 3035.

4. Molinier, *op. cit.*, p. 675.

5. F.-T. Perrens, *op. cit.*, p. 100 à 103.

sait comment, voulant livrer la porte Saint-Antoine aux troupes de Charles le Mauvais, allié du roi d'Angleterre, Étienne Marcel perdit la vie dans la lutte qu'il soutint contre les partisans du prince, la nuit du 31 juillet au 1er août 1358.

Cette catastrophe et la réaction qui suivit entraînèrent la ruine de Marguerite des Essarts. Veuve et chargée d'enfants en bas âge, elle essaya en vain de lutter contre la mauvaise fortune; c'est à peine si elle parvint à sauver quelques épaves des biens de son défunt mari. Il lui fallut, en 1359, renoncer à diverses oppositions par elle formées, l'une contre Geoffroi de Dammartin, héritier de la première femme d'Étienne Marcel et créancier de la succession pour une somme de 852 livres, l'autre contre Jacques de Pacy, adjudicataire des biens confisqués dudit Étienne[1].

M. Léon Le Grand nous apprend en outre que, dans sa détresse, elle dut se remarier dès 1363 et prendre pour époux un certain Jean Jacquinet, « personnage absolument obscur et inconnu. »

Dans un travail non moins intéressant, M. Eugène Déprez nous donne des indications neuves sur les enfants qu'Étienne Marcel aurait eus de Marguerite des Essarts. Ils étaient sept, dont les cinq derniers, encore mineurs, furent placés, le 24 juillet 1359, sous la tutelle de Pierre Bourdon, de Jean Marcel et de Marguerite, leur mère, ces cotuteurs ayant été choisis et nommés par Jean de Saint-Benoît, sire Jacques de Pacy, Martin des Essarts, Imbert de Lyons, Simon de Dampmartin et Jean d'Espernon le jeune, tous parents et amis d'Étienne Marcel[2].

Voici, d'après l'auteur précité, l'ordre et les noms de ces sept enfants :

1° Robert (Robin) Marcel, cité avec sa sœur Marion dans un arrêt du Parlement du 21 novembre 1359[3].

2° Marie (Marion) Marcel[4].

---

1. Léon Le Grand, *op. cit.*, p. 8 du tirage à part, p. 147 du *Bulletin* de 1897.

2. Eugène Déprez, *les Enfants d'Étienne Marcel*, dans le *Bull. de la Soc. de l'Hist. de Paris*, t. XXIV (1897), p. 82 à 92.

3. Siméon Luce, *op. cit.*, p. 310.

4. Dans l'ancienne église des Célestins se voyait l'inscription tombale de Jean Lullier, conseiller du roi au Parlement, et de sa femme, Marie Marcel, décédés en 1373 (ou 1378 ?). Six membres de la famille Marcel y avaient également leur sépulture. Il se pourrait donc que Marie Marcel fût la même

3° Pierre (Perrin) Marcel, l'aîné des enfants mineurs[1], mort entre le 3 janvier et le 2 mai 1360 ?

4° Jeanne (Jehannete).

5° Simon.

6° Étienne (Thevenin).

7° Marguerite (Marguot), enfant posthume, née après le mois de novembre 1358 (?).

La destinée des cinq derniers enfants, mentionnés dans des actes de tutelle de 1359 et 1360, reste inconnue, de même que celle des deux aînés; ils durent mourir très jeunes, car, à partir du 2 mai 1360, les documents sont muets sur leur existence. Quant à Marguerite des Essarts, leur mère, sa vie semble s'être achevée dans la plus complète obscurité[2].

Cinquième branche.

II. — Martin Marcel (frère de Pierre Marcel, dit le vieux), 1260, sergent du roi en 1292, demeurant à Paris en 1292 et 1296, « rue Sire-Guillaume-Bourdon »; en 1297, « rue du Conte-de-Ponty », fut taxé à 8 livres en 1292, à 6 livres en 1296 et à 7 liv. 16 s. en 1297. Il possédait sur deux maisons, situées à Paris *in vico de la Coçonnerie*, un cens annuel de 12 livres, que lui devait Jacques de Villeneuve[3]. Le 14 janvier 1292 (n. st.), l'Hôtel-Dieu de Paris accorda à Martin Marcel, bourgeois de Paris et sergent du roi de France, et à Agnès N..., son épouse, le bail d'une

---

que Marion, fille d'Étienne. Mais l'assertion de M. de Coëtlogon, dans son crayon généalogique, ne suffit pas à établir l'identité; ce n'est toujours qu'une vraisemblance.

1. On sait que, d'après la coutume de Paris, l'âge de la majorité bourgeoise variait entre dix ou douze ans pour les filles, douze à quatorze pour les garçons. Voir Eugène Déprez, *op. cit.*, p. 88.

2. M. A. de Coëtlogon, dans Perrens, p. 37, note, compte en tout quatre garçons, qu'il ne nomme pas, et deux filles, dont l'une, qu'il nomme Béatrix, aurait été anoblie en 1371. Cette erreur, empruntée à La Roque, *Traité de la noblesse*, p. 72, provient d'une faute de lecture. L'acte d'anoblissement, enregistré à la Chancellerie (Arch. nat., JJ 103, n° 88, fol. 56), fut accordé *Beatrici filie Stephani Macelli, uxori nobilis viri Petri de Rocaduno*, autrement dit Béatrice Mazeyl. Ce qui a causé la méprise, c'est que, dans la manchette du registre, le nom se trouve relevé avec une abréviation incorrecte. Il suffisait de lire le texte pour s'en rendre compte.

3. Boutaric, *op. cit.*, t. II, n° 4432.

maison rue Guillaume-Bourdon, moyennant 100 sols parisis de cens annuel[1].

Martin Marcel mourut avant 1315, laissant plusieurs fils, entre autres Thibaut, et une fille nommée Aveline.

III. — Thibaut Marcel soutint un procès, tant en son nom qu'au nom de ses frères et du mari de sa sœur, contre les héritiers de Jacques de Villeneuve, pour rentes ou cens non payés depuis plusieurs années. Un jugement du prévôt de Paris ayant condamné les héritiers de Villeneuve en paiement de 151 livres, ceux-ci en appelèrent au Parlement, qui, par arrêt du 5 avril 1315 (n. st.), confirma le jugement, mais réduisit la dette à 42 livres[2].

Thibaut Marcel, bourgeois, et sa femme Jeanne N..., moyennant 14 livres parisis, vendirent, le 29 mai 1316, à l'évêque de Paris 45 s. 11 d. de surcens qu'ils percevaient annuellement sur diverses maisons situées hors de la porte Saint-Honoré, devant l'église, dans les rues « au Chantre, de Froid-Mantel et de Biauvés ». Ce surcens provenait audit Thibaut de la succession de son père Martin[3].

« Agnès la Marcelle », seconde femme de Thibaut Marcel, légua 20 sous de rente à la Grande confrérie Notre-Dame, qui faisait célébrer son obit le 15 mai[4].

III. — Aveline Marcel, sœur de Thibaut, femme en 1315 de Jean « le Chanevacier[5] ». C'est probablement de leur mariage qu'était issu Jean le Chanevacier, bourgeois de Paris, parent d'Étienne Marcel, dont il fut l'un des adhérents durant sa prévôté, et que Martin Pizdoe, changeur et riche bourgeois, chercha à entraîner en 1359 dans une conspiration contre l'autorité du régent, pour venger la mort d'Étienne. Jean le Chanevacier, s'étant

1. L. Brièle et Coyecque, *Archives de l'Hôtel-Dieu de Paris*, 1894, p. 454.

2. Boutaric, *op. cit.*, t. II, n° 4432.

3. Guérard, *op. cit.*, t. III, p. 218. — Arch. nat., LL 183. *Grand cartul. de N.-D.*, n° 420, fol. 258.

4. Arch. nat., LL 436. *Obituaire de la Grande confrérie*, fol. 17. Article non imprimé dans l'édition de 1902.

5. *Les Olim*, t. III, p. 1007. — Feu Pierre le Chanevacier est mentionné parmi les fournisseurs de Robert II, comte d'Artois, avec Geoffroy Cocatrix, bourgeois de Paris, en décembre 1292 (*Inv. sommaire des arch. du Pas-de-Calais*, série A, t. I, p. 155).

refusé à suivre les conseils de Pizdoe, obtint des lettres de rémission pour sa conduite antérieure. Elles lui furent accordées au mois de décembre 1359[1].

Il nous reste à citer deux noms trop intimement mêlés aux derniers événements politiques pour que ceux qu'ils désignent n'appartiennent pas à la grande famille des Marcel, encore que, jusqu'ici, on n'ait pu les y rattacher par aucun lien généalogique.

Le premier est Perrinet Marcel, porte-étendard du prévôt, signalé par Siméon Luce[2].

Le second est Gilles Marcel, qui, comme on l'a vu plus haut, fut un des trois députés de Paris compris dans la liste des trente-quatre réformateurs nommés en 1357 par l'assemblée des trois ordres[3]. Il remplissait les fonctions de « clerc de la marchandise, » c'est-à-dire greffier de la municipalité de Paris, sous la prévôté de son cousin Étienne, dont il embrassa chaleureusement la cause. Il perdit la vie en défendant la porte Baudoyer contre les partisans du régent le 1er août 1358. Sa rébellion étant notoire, ses biens furent confisqués; néanmoins, Guillemette N..., sa veuve, obtint, à la requête et supplication de Gencien Tristan, nouveau prévôt des marchands, que la moitié des héritages et des biens meubles possédés par Gilles et sa femme fût vendue et délivrée à ladite veuve pour sa « sustantacion » et celle des « cinq enfans qu'elle a d'icelli son mari », à charge par elle de payer la moitié des dettes du défunt, ainsi que le portent les lettres du régent données à Paris le 10 août 1358[4].

Par autres lettres de même date, don était fait à la ville de Paris de l'autre moitié desdits biens meubles et immeubles, afin de l'indemniser « des pertes de grosses sommes d'argent » reçues par Gilles, « tant des rentes comme du fait de la marchandise d'icelle ville[5]. »

---

1. Secousse, t. II, p. 160, 162. — Arch. nat., JJ 90, fol. 188, 193 v°. — Perrens, *op. cit.*, p. 348, 349, 418.
2. Siméon Luce, *op. cit.*, p. 307.
3. Perrens, *op. cit.*, p. 101.
4. Pièce just. XVII.
5. Pièce just. XVIII.

*
* *

D'autres Marcel sont cités au xve et au xvie siècle, notamment dans les épitaphes relevées, soit au cimetière des Saints-Innocents[1], soit à l'église Saint-Jacques-de-la-Boucherie[2]. Ni les blasons ni les titres n'ont permis jusqu'ici de les rattacher à la famille des drapiers parisiens.

APPENDICE.

I.

Liste de Prévôts des marchands et Échevins de Paris jusqu'à leur suppression en 1383[3].

1305. Guillaume Pizdoe, prévôt.
Échevins : Jean Gencien, *Étienne Bourdon.* (*Livre des sentences du parloir aux bourgeois*, p. 44.)

1312. *Guillaume Pizdoe*, prévôt. (Boutaric, *op. cit.*, n° 3937.)

1314. Étienne Barbette, prévôt[4].
Échevins : Renauz Pizdoe, Jean Barbette, Jacques Bourdon et Nicolas Arrode.

1318. *Étienne Barbette*, prévôt. (*Olim*, III, arrêt du 19 décembre 1318, p. 1322.)

1321. Jean Gencien, prévôt.

1325 et 1328. *Jean Gencien*, prévôt. (Arch. nat., LL 183, fol. II[c] XLVI.)

1340 (?). *Jean Poillevillain*, échevin (d'après l'épitaphe d'Agnès Marcel, sa femme, morte cette année-là).

---

1. Bibl. nat., Cabinet des titres, Épitaphier ms. fr. 32341, fol. 512 et 568.

2. Lebeuf, *op. cit.*, t. IV, p. 430.

3. Les noms en italiques manquent à la liste de Le Roux de Lincy, la plus complète qui ait été publiée jusqu'ici.

4. Étienne Barbette, précédemment prévôt des marchands de 1298 à 1304, est cité sous la qualification de « sire Étienne Barbette » dans les sentences du Parloir aux bourgeois des 11 novembre 1303, 29 novembre 1305 et en 1316, p. 40, 42, 44. — Il fut député de Paris aux états généraux tenus en cette ville le 1er août 1314.

1345. Hugues Le Cocq, conseiller au Parlement, prévôt.

1350. *Le même prévôt.* (Acte du 13 juin 1350, cité par M. Tisserand, dans Perrens, *Ét. Marcel*, 1874, Introd., p. XX.)

1352. *Garnier Marcel*, échevin. (Donation aux Célestins. Arch. nat., S 3743.)

1352 à 1354. *Jean de Pacy*, prévôt[1]. (Actes du Parlement du 18 mai 1352. Arch. nat., X^{1A} 13, fol. 234, et du 21 janvier 1354, n. st., X^{1A} 15, fol. 174.)

1354 à 1358. Étienne Marcel, prévôt.

1355. Échevins : Pierre Bourdon, Bernard Coquatrix, Jean Belot, Charles Toussac.

1356 et 1357. Échevins : *Pierre Bourdon*, *Jean Belot*, *Charles Toussac* et *Philippe Giffart*. (Perrens, 1860, p. 140.)

1358. Échevins : *Charles Toussac*, *Philippe Giffart*, *Jean de Lisle* et *Joceran de Macon*. (Ibid., p. 317, 318, 322.)

1358. Gencien Tristan, nommé prévôt en août 1358, à la place d'Étienne Marcel. (Ibid., p. 334. — Cf. nos Pièces justif. XVII et XVIII.)

1358. *Jean Culdoe*, prévôt en octobre 1358. (Ibid., p. 343.)

1359. Jean des Marets, avocat au Parlement, prévôt.

Échevin : *Jean Coquatrix*, *de Bonnes*. (Demay : *Sceaux de Clairambault*, n° 2762.)

1364. *Jean Culdoe le jeune*[2], prévôt.

Échevins : *Jacques de Bremont*, *Philippe de Jeurre*, *Enguerrand Costart*, *Simon Gaucher*. (Arrêt du Parlement du 8 juin 1364. Arch. nat., X^{1A} 18, fol. 85.)

1371. Jean Fleury, prévôt.

1378. Échevin : *Simon de Saint-Benoît*. (Lebeuf, éd. 1883, t. V, p. 7. — Arch. nat., Obit. de la Grande confrérie, LL 436, fol. 2.)

1381. Guillaume Bourdon, prévôt.

1383. Suppression de la prévôté des marchands et de l'échevinage de Paris.

---

1. Les de Pacy, anciens bourgeois de Paris, portaient pour armoiries : *de gueules, à la croix de vair cantonnée de quatre lions d'or*. La description des sceaux de Jean de Pacy en 1343 et de son père, Nicolas de Pacy, en 1319, se trouve dans Douët d'Arcq, n°s 3139 et 4104.

2. Les Culdoe, anciens bourgeois de Paris, portaient pour armoiries : *d'azur, à trois oies d'or avec tête et bec de gueules*.

II.

Liste des Prévôts de la Grande Confrérie de Notre-Dame aux seigneurs prêtres et bourgeois de Paris.

1203. Nicolas Carnifex. (Cartulaire de la confrérie.)
1216. Denis le Coffrier. (Statuts de 1431.)
1217. Stephanus Pavo. (Cartulaire de la confrérie.)
1219. Petrus Aalon. (Ibid.)
1246. Alermus dictus Maupas. (Ibid.)
1265. Petrus Thiboudi. (Ibid.)[1].
1302. Bertaut Hescelin[2], « mi-caresme » (29 mars) 1302 (n. st.). (Arch. nat., S 882[1], fol. xxi.)
1328. Jean Gencien[3], juillet 1328. (Ibid., LL 681.)
1347. Guillaume Michiel, 1347. (Ibid., S 882[1], fol. iii r°, et 883, État des rentes.)
1350. Étienne Marcel. (Compte finissant à la mi-août 1350. Ibid., S 882[1], fol. xliii.)
1355, 1356. Alain de Saint-Benoît, 1355, 1356. (Ibid., S 882[1], fol. iii^xx vii.)
1363. Simon de Saint-Benoît, 1363. (Ibid., S 882[1].)
1374 à 1376. Simon Bourdon[4]. (Ibid. Compte de la confrérie finissant à la Saint-Jean.)
1378 à 1380. Jean Gencien. (Ibid. Compte de la confrérie finissant à la Saint-Jean.)
1382 à 1384. Gilles Ville[5].
138.. à 138.. Milles Baillet.
1390 à 1392. Raoul Daucamps.

---

1. Les six premiers prévôts de la liste ci-dessus sont indiqués par Le Roux de Lincy dans sa notice sur cette confrérie, publiée dans le XVIIe vol. des *Mém. de la Soc. royale des Antiq. de France*, année 1844.

2. Bertaut Hescelin fut l'un des vingt conseillers de la ville de Paris en 1298, 1301, 1302, 1303 (Le Roux de Lincy, *Hôtel de ville de Paris*, p. 57).

3. Jean Gencien fut prévôt des marchands en 1321, 1325, 1328.

4. « iii Id. maii. Anniversarium Symonis Bourdon, drapperii, scabini quondam Parisiensis, pro quo tenetur confraternia distribuere sacerdotibus in missa xv solidos » (Arch. nat., Obituaires, LL 436, fol. 17).

5. A partir de Simon Bourdon, tous ses successeurs mentionnés sur cette liste de 1380 à 1439 sont extraits du registre S 881 *bis*, fol. 68; ce registre paraît avoir été écrit vers l'année 1712.

1392 à 1396. Simon de Saint-Benoît.

1396 à 1400. Jean de Lagny.

1400 à 1404. Michel du Sablon.

1404 à 1415. Jean Maubus.

1415 à 1419. Nicolas Desprez, conseiller en la Chambre des comptes, institué prévôt le 13 avril 1415, resté en office jusqu'en 1419.

1419 à 1421. Guillaume Leclerc.

1422 à 1424. Jean Desportes, de la Saint-Remi (1er octobre) 1422 à la Saint-Remi 1424.

1424 à 1427. Renault de Thumery, mêmes termes.

1427 à 1432. Pierre Braban, idem.

1432 à 1433. Bertran le Charon, idem.

1436 à 1439. Pasques Josset, prêtre, idem.

PIÈCES JUSTIFICATIVES.

I.

L'évêque de Chartres, Simon de Perruché, approuve l'organisation administrative de l'hospice des aveugles (Six-Vingts), fondé dans cette ville par Renaut Barbou le vieux, bourgeois de Chartres, bisaïeul maternel d'Étienne Marcel.

Novembre 1294.

Universis presentes litteras inspecturis, Symon, miseratione divina Carnotensis ecclesie minister humilis, eternam in Domino salutem. Celestis altitudo consilii, sua ineffabili providentia cuncta disponens, corda hominum plerumque igne divini amoris imflammat et ad opera caritatis invitat. Cum igitur Reginaldus Barbou senior, discretionis virtute dotatus ac zelo devotionis accensus, de bonis sibi a Deo collatis, ad sustentationem quorumdam pauperum civitatis et banleuce Carnotensis et pro eisdem pauperibus cecis una cum suis servitoribus hospitandis et reficiendis, tam de bonis a dicto Reginaldo datis in fundatione hujusmodi quam etiam piis elemosinis et largitionibus a fidelibus quibuscumque pauperibus cecis factis et faciendis eisdem, in loco Reginaldi Cambellani, clerici, sito in vicco de Porta Drocensi, cum orto et terra retro adjacentibus, terra scilicet preter ortum predictum circa duo sexteria seminis capiente, in censiva capituli nostre ecclesie Carnotensis, — qui quidem locus ab anteriori parte contiguus est vicco predicto, et, ex uno latere, domui Ricardi fabri, et domui deffuncti Dyonisii cordarii, ex alio latere; a posteriori siquidem parte, junctus est, una cum dicto orto, vicco qui dicitur de Bello loco, ex una parte, et domui ac vineis de Bello loco, ex altera; item dicta terra cui jungit dictus ortus, ex uno latere, contigua est domibus Mauricii cordarii, Johanne de Braioto, muris clausi abbatie Sancti Johannis, vineis Belli loci leprosorum ac vineis dicte La Poitevine, — quandam domum edificare, fondare et Deo dedicare proponeret, et nobis idem Reginaldus Barbou duxerit humiliter supplicandum quatinus construendi domum predictam ad sexaginta, fondandi capellam ad viginti libratas turonensium annui et perpetui redditus in loco predicto, in qua quidem capella idem Reginaldus Barbou libertatem et potestatem liberam habeat, quandiu vixerit, deputandi et ponendi deservitorem ad deserviendum et celebrandum in ea, et cambiandi seu mutandi et removendi eundem, quando et totiens quotiens et prout idem Reginaldus volet et sibi placebit, quandiu vixerit et per totum cursum vite sue; post vero ejus decessum, ad Renaudum nunc ballivum Rothomagensem, filium suum primogenitum, eodem modo, quandiu vixerit et per totum cursum vite sue, et post dicti R. filii sui decessum, ad Berthaudum, filium ipsius R. Barbou secundo genitum, eodem modo, quandiu vixerit et per totum cursum vite sue; et post decessum ipsius Berthaudi, ad singulos dicti Renaudi, nunc ballivi Rothomagensis, filios masculos in solidum et successive, ad unum post alium, incipiendo semper a majore natu; et post decessum omnium ipsorum, ad singulos dicti Berthaudi filios masculos; et postea ad filios Stephani Barbou deffuncti masculos, simili modo quo supra; et post omnium predictorum decessum, ad propinquiorem heredem dicti Renaudi primogeniti, heredesque dicti heredis masculos, incipiendo semper a majore natu, libertas et potestas hujusmodi devolvatur pure, absolute et libere, tamque in persona dicti Renaudi Barbou et penes ipsum quam etiam in singulis personis predictis et penes ipsas et ipsarum quamlibet, ut dictum et determinatum est, durent et perseverent; insuper quod administratio dicte domus et auditio compotorum ipsius ad ipsum fondatorem pertineat, quandiu vixerit; post mortem vero ipsius, ad dictum Renaudum primogenitum filium suum; quo mortuo, ad Berthaudum fratrem suum, ad vitam ipsorum et alterius eorundem; post decessum autem eorundem, ad elemosinarium serenissimi principis domini regis Francorum, qui pro tempore fuerit, perpetuo pertineat atque spectet; qui elemosinarius curam et onus administrationis dicte domus illi civi Carnotensi committet quem dominus rex decrev[er]it esse liberum a taillia pro negociis dicte domus; et ille civis dicto elemosinario vel quem idem elemosinarius ad hoc deputaverit reddet compotum sive rationem dicte administrationis semel in anno, presentibus quatuor civibus Carnotensibus, quos idem elemosinarius duxerit eligendos, consensum, licentiam et auctoritatem concedere dignaremur : Nos autem, divini cultus augmenti et bonorum operum zelatores, dictum Reginaldum Barbou in suo laudabili proposito confovere volentes, ipsius justis supplicationibus inclinati, premissa et singula faciendi, ut dictum est, et tenendi auctoritatem damus et concedimus de gracia speciali, parrochialis ecclesie et cujuslibet alterius jure salvo, volentes et consentientes quod sanctissimus in Christo pater et dominus noster, dominus Celestinus, divina provisione sacrosancte Romane et universalis ecclesie summus pontifex, predicta ex certa scientia et cum inserto tenore confirmare dignetur; super quo nos etiam, ad ipsius Reginaldi Barbou preces, ipsi sanctissimo patri presentium tenore duximus supplicandum. Quod ut perpetue stabilitatis robur obtineat, presentes litteras sigilli nostri fecimus impressione muniri. Actum est hoc mense novenbri, sub anno Domini M° CC° nonagesimo quarto, pontificatus dicti sanctissimi patris et domini, domini Celestini pape quinti, anno primo.

(Orig. parch. Sceau enlevé. — Arch. de l'Hôtel-Dieu de Chartres : *Hospice des Six-Vingts*, coté A 3.)

II.

Littera approbacionis doni facti per Baldoynum de Royaco Marie, filie sue, in tractatu matrimonii inter ipsam et Johannem, filium Petri Marcelli, draperii [1].

Août 1311.

Ph., par la grace [de] Dieu rois de France, Nous faisons savoir à tous, présens et à venir, que comme traictié soit entre nostre amé et féal Bauduin de Roy, d'une part, et nostre amé bourjois Pierre Marcel, drapier de Paris, d'autre, de faire mariage entre Johan, fill du dit Pierre, et Marie, fille du dit Bauduin, ou quel traictié, entre les autres choses, le dit Bauduin a promis et donné à sa dite fille, en son mariage, deus mile et huit cenz livres parisis, aveques ses robes et ses joiaus appartenans au mariage, Nous, pour la considération des agréables services que le dit Bauduin nous a fait ou temps passé et fait encore chascun jour, le don et la promesse dessus diz voulons, gréons et approuvons, et dès orendroit icelui don, aveques tout le montepliement que Diex leur donrra et tout ce que nous ou autres pour nous es choses desus dites ou es personnes des diz mariez pourriens ou devriens réclamer ou avoir pour le temps passé, présent ou à venir, pour raison de la personne du dit Bauduin, de ses faiz, de ses services, ou de noz receptes et de noz paiemenz et noz mises que il a faiz par aucun temps, ou pour les Renaut de Roy, son frère, ou pour leurs comptes faiz ou à faire, ou par quelconques autre manière, cause ou raison que ce soit ou puist estre, quittons du tout en tout à touz jours, pour nous et pour noz hoirs as mariez dessus nommés, de certaine science et de grace espécial, à leur bon eur et à perfection de leur mariage. Et voulons et otroions expressement que les diz mariez, après le décès dudit Bauduin, ne puissent estre empéechiez,

1. Avant cette pièce sont enregistrées d'autres lettres royales ratifiant, sous la même date de jour et de lieu, les contrats de mariage de trois autres filles de Bauduin de Roy : Florence, Nicole et Jeanne (n°s LXIII, LXIV et LXV), et ceux de deux enfants de son frère Renaut, à savoir Marie et Gieffroi, ce dernier épousant Katerine, fille de Gieffroi Coquatrix (n°s LXII et LXVI).

ne molestez en aucune manière pour les faiz, les receptes ou comptes desdiz Bauduin et de Renaut, son frère; ains voulons que le don dessus devisé, aveques le montepliement, leur demeurent franchement et quittement, se ainsi n'estoit que il se vousissent faire hoirs dudit Bauduin, ou quel cas il seroient tenus à rendre compte pour lui, non contrestanz ces présentes lettres, aus queles, en tesmoignage de ces choses, nous avons fait mettre notre seel, sauf en autres choses nostre droit et en toutes choses le droit d'autrui.

Ce fu fait et donné à Meauz, l'an de grace mil CCC et onze, ou mois d'aoust.

(Arch. nat., JJ 46, n° LXVII, fol. 53 v°.)

III.

Littera regis super assignacione quorumdam reddituum per Guillelmum de Marcilliaco et Gaufridum Coquatriz facta Petro et Johanni Marcelli, fratribus.

Septembre 1311.

Ph., etc. Notum, etc., quod cum dilecti et fideles Guillelmus de Marcilliaco, miles, et Gaufridus Coquatricis, familiares nostri, domum Petri Marcelli, civis nostri, Parisius prope nostrum palacium existentem, domui Johannis Marcelli, fratris ejusdem Petri, et domui Stephani de Vitriaco contiguam, ex una parte, ac domui Jacobi Marcelli, dictorum Petri et Johannis fratris, ex altera, in censiva prioris et prioratus Sancti Eligii sitam, eisdemque priori et prioratui in tribus denariis parisiensium annui et perpetui redditus, pro fundo terre, et Stephano de Cormeliis in viginti quatuor libris parisiensium, nomine et racione annui et perpetui census debitis, oneratam, pro dicti palatii nostri Parisius operibus dilatandis nobis proficuam et necessariam, auctoritate nostra ceperint; et considerato loco et situ dicte domus, super ipsius valore sub (h)onere predicto communicato consilio juratorum et aliorum in talibus expertorum, cum predicto Petro ad centum et decem libras parisiensium annui et perpetui redditus, eidem Petro, heredibus et successoribus suis et causam habituris ab eo, singulis annis, quatuor terminis Parisius consuetis, equis porcionibus solvendas, pro nobis et nomine nostro convenerint, super hoc habentes a nobis speciale mandatum, Nos, hujus convencionem ratificantes, predictas centum et decem libras parisiensium annui et perpetui redditus dicto Petro, pro se, heredibus et successoribus suis et causam habituris ab ipso, supra coustumam et redditus pissidis[1] nostre piscium de halis Parisius et pertinencias ejusdem ex nunc asside-

1. Pour *pixidis*, de *pyxis*, boîte.

mus ac etiam assignamus, de cetero, singulis annis predictis terminis, per manum illius seu illorum qui dictas coustumam et pissidem pro tempore accensacionis, vel quovis alio titulo seu causa, tenebit sive tenebunt, percipiendas. Et ex nunc, pro predictis centum et decem libris parisiensium solvendis singulis annis in perpetuum, dictas pissidem et coustumam et personas que tenebunt easdem tenore presentium, specialiter obligamus, volentes quod prepositus noster Parisiensis modernus, et qui pro tempore fuerit, personas que dictas pissidem et coustumam tenebunt, si ad dictos terminos in dicti solucione redditus deficiant, ad prefati Petri heredum et successorum suorum, aut causam habiturorum ab eo, requisicionem ad solvendum dictum redditum compellere teneantur, absque alterius expectacione mandati, salvo et retento nobis et heredibus nostris quod si, dicto Petro vel heredibus suis, aut causam habituris ab eo dictum redditum futuris temporibus in locis et redditibus oportunis infra banleucam Parisiensem assidere et assignare velimus ad ex(h)onerationem dictarum pissidis et coustume, predictus Petrus aut heredes et successores sui, vel causam habituri ab eo, qui dictum redditum tunc tenebunt, dictas assisiam et assignacionem recipere et acceptare sine contradictione qualibet tenebuntur, salvo et in aliis jure nostro et in omnibus quolibet alieno. Que ut firma, etc. Actum Parisius anno domini M° CC° undecimo, mense septembris.

Per Dominum G. de Marcilliaco et G. Cocatricis :

P. DE ALBIG[NIACO].

(Arch. nat., JJ46, n° CXV, fol. 73 v°.)

IV.

Assignacio in recompensacionem cujusdam domus hic descripte facta Jacobo Marcelli, videlicet centum et viginti librarum redditus.

Septembre 1311.

Similis littera, ut est precedens littera, facta fuit et sigillata, pro domo Jacobi Marcelli, civis Parisiensis, existente supra Secanam, prope palacium Regis, domui Petri Marcelli primogeniti, ex una parte, et domui fratrum de Bosco Vicenarum, ordinis Grandimontensis, ex altera, contigua, supra molendinum de Canturane et in censiva prioris et prioratus Sancti Eligii sita, eisdem priori et prioratui in tribus solidis et quatuor denariis parisiensium annui et perpetui redditus, pro fundo terre, et Ade de Meullento, panetario regis, in decem libris parisiensium redditualibus, racione incrementi census, debitis onerata, domino regi pro dicti sui palacii operibus dilatandis proficua et necessaria, que capta fuit et retenta per dominum G. de

Marcilliaco et G. Coquatrix, auctoritate regia, pro palacio supradicto, sub estimacione centum et viginti librarum parisiensium annui redditus, percipiendarum et habendarum per dictum Jacobum Marcelli, ejus heredes et causam ab eis habituros, supra costumam et redditus pissidis piscium de halis Parisius, ad quatuor terminos Parisius consuetos, etc., prout in dicta precedenti littera plenius continetur.

(Arch. nat., JJ 46, n° CXVII, fol. 74 r°.)

V.

Assignacio septuaginta librarum parisiensium redditus facta simili modo Johanni Marcelli.

Septembre 1311.

Similis etiam littera facta fuit et sigillita pro domo Johannis Marcelli, civis Parisiensis, domui Petri Marcelli fratris sui, ex una parte, et domui Symonis de Trembleyo, que quondam fuit Philippi de Vitriaco defuncti, ex altera, contigua, super Magnum Pontem Paris. et in censiva prioris et prioratus Sancti Eligii sita, eisdemque priori et prioratui in duobus denariis et obolo paris. annui et perpetui redditus, pro fundo terre, singulis annis ad festum beati Remigii debitis onerata, que quidem domus capta et retenta fuit per predictos dominum G. de Marcilliaco et G. Coquatrix, auctoritate regia, pro palacio domini regis Parisius, sub estimacione septuaginta librarum parisiensium facta de proborum virorum consilio, consideratis omnibus super hoc et attentis, percipiendarum et habendarum per dominum Johannem Marcelli, ejus heredes et successores, et ab eo causam habituros, supra coustumam et redditus pissidis regis piscium de halis Parisius, ad quatuor terminos Parisius consuetos, et cetera prout superius plenius continetur.

(Arch. nat., JJ 46, n° CXVIII, fol. 74 r°.)

Item fuit facta similiter littera pro domo Symonis de Trambleyo, civis Parisiensis, existente prope palacium regis, contigua domui Johannis Marcelli, ex una parte, et domui Girardi de Silvanecto, ex altera, aboutizante, ex parte posteriori, ryparie Johannis Crassi, sita in censiva prioris et prioratus Sancti Eligii...

(Ibid., n° CXIX, fol. 74 v°.)

VI.

Recompensacio quadraginta quinque librarum redditus cum sex solidis facta Johanni Marcelli.

Août 1312.

Ph., etc., Notum, etc., quod cum dilecti et fideles G. de Marcilliaco, miles, et G. Coquatricis, familiares nostri, domum Johannis Marcelli, civis Parisiensis, domui majori Petri et Jacobi, ejus fratrum, ex una parte, et domui Reginaldi Barbou a parte archeti, ex alia, ac domum aliam ejusdem Johannis supra Secanam, facientem cunum de l'Orberie ante stuvias defuncti Johannis Poterii, stuviis defuncte Marie de Senonis contiguas, priori Sancti Eligii Parisiensis in tribus solidis duobus denariis et obolo capitalis census, ac Johanne relicte defuncti Yvonis Britonis in sexaginta solidis, de quibus ipsa debet ecclesie beate Marie de Campis Parisius quatuor solidos, item Stephano de Vitriaco in quatuor libris, item Symoni Tiberti de viginti solidis, item Garneto de Curia in quinquaginta quinque, solidis, item Mathilde relicte Henrici l'Estuveur in viginti solidis, item Ysabelle la Bricharde in quatuor libris et quinque solidis, item Templo in quatuor libris, item Johanne l'Isambarde, moniali beati Anthonii, in triginta solidis parisiensium redditualibus, ex incremento census, in universo debitis oneratas, pro palacii nostri operibus dilatandis nobis proficuas et necessarias, auctoritate nostra, ceperint; et consideratis locis domorum predictarum, super ipsarum valore sub oneribus predictis communicato consilio juratorum Parisiensium et aliorum in talibus expertorum, cum predicto Johanne ad quadraginta quinque libras et sex solidos parisiensium annui et perpetui redditus, dicto Johanni, heredibus et successoribus suis et causam habituris ab eo, singulis annis, quatuor terminis Parisius consuetis, equalibus portionibus solvendas convenerint, nostro nomine et pro nobis, super hoc habentes a nobis speciale mandatum, Nos hujus conventionem ratificantes, predictas quadraginta quinque libras et sex solidos annui et perpetui redditus dicto Johanni pro se, heredibus et successoribus suis, et causam habituris ab eo, supra coustumam et redditus pissidis nostre piscium de halis Parisius et pertinencias ejusdem ex nunc assidemus, etc. Actum Parisius, anno Domini M° CCC° duodecimo, mense augusto.

Per dominum G. de Marcilliaco et G. Coquatricis :

Joy.

(Arch. nat., JJ 48, n° IIIIxxI, fol. 48.)

VII.

Recompensacio viginti quinque librarum redditus facta Petro Marcelli, civi Parisiensi.

Août 1312.

Ph., etc., Notum, etc., quod cum dilecti et fideles G. de Marcilliaco, miles, et Gaufridus Coquatricis, familiares nostri, domos, videlicet majorem et minorem, Petri et Jacobi Marcelli, civium Parisiensium, fratrum, supra Secanam prope nostrum palacium existentes, domui Jacobi Panoiche, ex una parte, et, a parte posteriori, domui Johannis Marcelli, eorum fratris, contiguas, concergio domus nostre, de capitali censu, et, pro fundo terre, in duodecim denariis pro dicta majori domo, et cuidam armigero de Baignoleto in duobus denariis et obolo et heredibus defuncti Ysambardi Coqui in sexaginta solidis ac Johanneto de Rudelio in sex libris paris. redditualibus, racione incrementi census, debitis oneratas, pro dicti palacii nostri Parisius operibus dilatandis, nobis proficuas et necessarias, auctoritate nostra, ceperint; et consideratis loco et situ domorum ipsarum, super earumdem valore sub oneribus predictis communicato consilio juratorum Parisiensium et aliorum in talibus expertorum, cum predictis Petro et Jacobo ad quinquaginta libras paris. annui et perpetui redditus, videlicet cuilibet dictorum Petri et Jacobi, heredibus et successoribus suis, et causam habituris ab eo, ad viginti quinque libras, singulis annis, quatuor terminis Parisius consuetis, equalibus porcionibus solvendas convenerint, nostro nomine et pro nobis, super hoc habentes a nobis speciale mandatum, Nos, hujus convencionem ratificantes, predictas viginti quinque libras annui et perpetui redditus dicto Petro pro se, heredibus et successoribus suis, et causam habituris ab eo, supra coustumam et redditus pissidis nostre piscium de halis Parisius et pertinencias ejusdem ex nunc assidemus, etc. Actum Parisius, anno Domini M° CCC° duodecimo, mense augusto.

Per dominum G. de Marcilliaco et G. Coquatrix :

Joy.

(Arch. nat., JJ 48, n° IIII^xx, fol. 48.)

VIII.

Mandats d'arrêt contre les ravisseurs de Jeanne de Pacy, femme de Jean Marcel.

Juillet 1317.

Ad instanciam Nicholai de Paciaco et Johannis Marcelli, civium Parisiensium, mandamus quod super eo quod Henricus, valletus

Guerini d'Escrenes, et Guilhotus dictus Baillehoc, valletus stabulorum nostrorum, qui in Castelleto nostro positi fuerant in prisione, qui Johannam filiam dicti Nicholai, uxorem dicti Johannis apud Sanctum Dionisium, ubi eramus, co(g)nati fuerant rapere eam, et famulos verberaverunt et male tractaverunt, ab eadem prisione, conquerentibus non vocatis, liberati se reddiderunt fugitivos, mandamus quatinus ad jura appellatos, si venire contempserint, contra ipsos ulterius procedatis. Datum Parisius, die XII julii, [anno] XVII^mo^.

Per dominum Sulliaci :

J. DE TEMPLO.

Item, in alia littera super facto predicto confecta, mandatum quatinus ipsos ubicumque invenerit capiat et eosdem in Castelletum ducat, pro suis demeritis [pœnam] recepturos. Damus preposito Parisiensi ac auditori et geolario dicti Castelleti in mandatum, ut ipsos in dicto Castelleto existentes non liberent sine nostra licentia. Dat. ut supra.

Per dominum Sulliaci :

J. DE TEMPLO.

(Arch. nat., X^2a^ 1, Reg. crim. (12 juillet 1317), fol. 111 r°.)

IX.

Simon Marcel, drapier, et Isabelle Barbou, sa femme, cèdent aux religieuses de Longchamp 40 livres de rente sur le Châtelet de Paris, en échange de divers héritages situés à Choisy, Grignon et Thiais.

1er mai 1319.

A tous ceux qui ces présentes lettres verront et orront, Henri de Taperel, garde de la prévôté de Paris, salut. Sachent tuit que pardevant nous, pour ce furent présens en jugement en leurs propres personnes Simon Marcel, drapier, bourgois de Paris, et Ysabel, sa femme, dite La Delice, fille de feu Bertaut Barbou, fils de feu sire Renaut Barbou l'aisné, [les quels] affermèrent en bonne vérité que il paisiblement, par titre de legs fait souffisament à la dite Ysabel à l'ayde de son mariage du dit feu sire Renaut, avoient, percevoient, recevoient et toucboient chascun an au terme de Toussainz, ez Chastelet de Paris, quarante livres tournois de rente annuelle et perpétuelle, et si comme nous, entre les autres choses, l'avons plus plainement veu estre contenu et apparoir au testament d'iceluy feu sire Renaut sur ce fait, seellé du seel de la cour de l'évesque de Paris, par la teneur des clauses et des parolles contenues en iceluy, contenant de mot à mot la fourme qui s'ensuit : « Item, ego lego Isabelote dicte Delice, nep(o)ti mee, filie Bertaudi[1] Barbou filii mei, quadraginta libras turonenses[2] annui et perpetui redditus, de reddítu quem habeo in Castelleto Parisiensi, et ducentas libras in pecunia numerata, ad ipsam maritandam. Item, quod si dicta Isabelota morte, quod absit, ingressu religionis, vel alio impedito non fuerit maritata, aut sine herede de proprio corpore moriatur, volo quod legatum a me sibi factum inter heredes meos communiter dividatur. » Les quels quarante livres tournois de rente... iceux Simon Marcel et Ysabel, sa femme, de leur bon gré et pour leur commun proffit, conjointement et principalment, chascun de eus pour le tout, recognurent en droit pardevant nous avoir baillié et échangé, cessé et transporté, quitté, octroié et delaissié, par nom de pur et perpétuel échange ou permutation, but à but, sans nulles soultes, à tousjours, à religieuses personnes et honestes sœur Jehanne de Gueuz, humble abbesse des sœurs meneurs de l'Humilité-Nostre-Dame-de-Longchamp de lez Saint-Cloud, au diocèse de Paris, et tout le couvent de ce mesme lieu... par échange, si comme dit est, c'est assavoir pour tous les héritages, possessions et immeubles, ensemble et chascun, et en récompensation dite, et quiex que ils soient et en quelconques choses, sans riens excepter, que les dites religieuses, par titre de legs ou de don fait à elles à tousjours de feu Robert le Vinetier, bourgois de Paris, par la teneur de son testament, avoient et possessoient estanz et seanz es villes de Choisy, de Grignon et de Thiais, es terrouers, es appartenances et appendances et es parties d'environ; les quiex les dites religieuses, pour elles et ou nom de leur [couvent], par ce qu'elles ne les pouvoient tenir en main morte, avoient et ont baillié et delaissié par nom d'échange ou permutation, but à but, sans nulles soultes, perpétuelment, pour la dite rente et en récompensation, comme dit est, aus dits Simon et Isabel, sa femme, à leurs hoirs et à ceux qui cause auront de eus...

En tesmoin des quelles choses, nous avons mis en ces lettres le seel de la prévosté de Paris, l'an de grace mil trois cens dix nœf, le mardi premier jour du mois de may.

Signées : P. Henry, et scellées.

Copie collationnée par le greffier de la Chambre le 28 juin 1743.

(Arch. nat., carton K 40, pièce 27.)

1. Ms. *Bertrandi.*
2. Lis. *turonensium.*

X.

Carta de appositione cecorum Carnotensium in domo ibi fundata a Reginaldo Barbou.

Juillet 1325.

Karolus, Dei gratia Francie et Navarre Rex. Notum facimus universis, tam presentibus quam futuris, quod cum dilectus et fidelis Guillelmus Morini, elemosinarius noster, diceret et proponeret coram nobis quod ad ipsum elemosinarium, ratione officii elemosinarie regie, pertinebat institutio personarum recipiendarum in domo cecorum Carnotensium, fundata et dotata per defunctum Reginaldum Barbou, necnon visitatio, correctio et punicio personarum ipsarum, petens personas ibidem receptas, imo potius, ut dicebat, intrusas in domo predicta per Reginaldum Barbou, quondam dicti Reginaldi filium, a domo ipsa ejici et expelli, eodem Reginaldo in contrarium asserente quod ad eum pertinebat dictarum in domo predicta institutio personarum, et quod de hoc fuerat in possessione pacifica et quieta; tandem, utriusque partis auditis rationibus et inspectis privilegiis atque cartis super fundacione domus ipsius confectis, Nos fundatoris predicti, qui per elemosinarium regium dictam domum defendi et visitari voluerit, intencionem et propositum in hac parte prosequi cupientes, predictumque Reginaldum, fundatoris ipsius filium, ad elargiendum dicte domui et personis ejusdem majora beneficia quam priora que eis impendisse noscitur animare volentes, presentibus ordinamus et ex deliberato consilio decernimus quod persone in domo predicta per dictum Reginaldum posite seu recepte ibidem remaneant, et quod ipse Reginaldus personas que inibi recipiende fuerint, cum ad id se necessitas vel facultas obtulerit, recipiat et instituat, quamdiu vitam duxerit in humanis; et post ejus decessum, institutio, visitacio, correctio et punitio, de quibus supra mentio fit, ad elemosinarium nostrum qui fuerit pro tempore pertineat in futurum. Hanc autem ordinationem nostram, quoad institutionem vel mutationem capellani domus predicte vel alia in fundatione predicta contenta, tenore presentium declaramus et volumus non extendi, nostro tamen et alieno in omnibus jure salvo. Quod ut ratum et stabile perseveret, sigillum nostrum fecimus presentibus hiis apponi. Actum apud Castrum novum supra Ligerim, anno Domini M° CCC° vicesimo quinto, mense julii.

(Arch. nat., JJ 62, n° IIII^c XXX III, fol. 237 v°.)

Pagination incorrecte — date incorrecte

NF Z 43-120-12

lire PAGE 56
au lieu de PAGE 66

XI.

Gratia facta Garnero Marcelli, burgensi Parisiensi, quod nomine uxoris sue possit se gerere heredem pro parte Gauffridi Coquatrix.

7 janvier 1331.

Philippe, par la grace de Dieu rois de France, à touz ceus qui verront ces présentes lettres, salut. Savoir faisons que nous, enclinans en ceste partie à la supplication de nostre amé Garnier Marcel, nostre bourgois de Paris, li avons ottroié et ottroions, de grace espécial, par la teneur de ces présentes lettres, que il, ou nom de sa fame, fille feu Geffroy Coquatris, se puisse pourter et tenir comme hoir dudit feu Gieffroy, pour telle portion comme à sa dite fame puet appartenir, et d'icelle portion, tant de meubles comme de héritage, prendre et entrer en possession par bénéfice d'inventaire, en telle manière que, ou cas ouquel il seroit trouvé que le dit Geffroy fust tenu à nous ou à autres personnes, quelles que elles soient, de sommes d'argent ou d'autres choses, que ledit Garnier ou si hoir ne soient tenuz ne ne puissent pour ce estre contrainz à plus grant somme que le dit inventaire contendra, et que, par rendant ce qu'il en aura ainsi receu, il et si hoir soient et demeurent quittes, non obstant coustume contraire, la quelle, quant à ce, nous ostons de certaine science. Donné à Saint-Germain-en-Laye, le septiesme jour de janvier, l'an de grace mil CCC et trente.

Par le Roy, à la relation de l'avoé de Théroenne, Martin des Essars et E. d'Alement :

R. des Molins.

(Arch. nat., JJ 66, n° VIII^{c} XXIIII, fol. 337 v°.)

XII.

Admortisatio viginti quatuor librarum redditus supra possessiones sitas Parisius hic declaratas, pro quadam cappellania ordinata fundari Parisius a deffuncto Johanne Marcelli, Parisiensi.

Juillet 1334.

Ph., par la grace de Dieu roys de France, savoir faisons à touz présenz et à venir que comme feu Jehan Marcel, jadiz frère de Symon, et Jehan diz Marcel, bourgois de Paris, ou temps qu'il vivoit, eust ordoné en son testament ou derrenière volenté, par pure et vraie dévocion et pour le remède de l'âme de lui, que une messe seroit chantée et célébrée chascun jour perpétuelment en l'église parrochial de Saint-Bartholomy en la cité de Paris, ou en une autre église, ou cas que ceus de laditte église de Saint-Bartholomy à qui il puet appartenir ne s'i accorderoient, si comme ce dit estre contenu plus plainement ou dit testament; et depuis ce, après le trespassement dudit Jehan, les hoirs et amis d'ycellui, c'est assavoir Symon Marcel, Jehan Marcel, frères, et Jehan Giffart, leur serourge[1], bourgois de Paris, approuvans le bon propos et ordenance du dit mort, et considéranz le vivre nécessaire du chapellain qui a ladite messe célébrera ou sera tenus à célébrer, selon la clause du dit testament, comme dit est, aient ordené et volu que yceli chapelain, qui est et qui pour le temps sera, aura et prendra chascun an perpétuelment à touz jours maiz, en la ville de Paris, sur certaines rentes et censives, sanz fié et sanz justice toutevoies, xxiiii livres de rente à Paris, à certains termes, pour son vivre et pour ses nécessités; et pour ce que le dit chapellain, qui est et qui sera au temps avenir, puisse plus franchement et sanz point d'empeschement tenir, lever et posséder la dite rente, les amis et hoirs d'ycellui mort nous ont humblement supplié que nous vousissions admortir la dite rente : Nous, oye leur supplication et enclinanz à icelle, afin que nous soions participanz d'yceus bienfaiz, leur avons ottroié et ottroions par la teneur de ces présentes lettres, de grace espécial et de certaine science, que le chapellain ou chapellains qui des ores en avant seront establiz à célébrer la dite messe, comme dit est, tiengnent et puissent tenir paisiblement à touz jours maiz les dites xxiiii livres de rente, sanz ce que il puissent estre contrainz de nous ou de noz successeurs à vendre la dite rente ou à mettre hors de leur main, ne de paier aucune finance pour ce au temps à venir. Et pour que ce soit ferme chose et estable au temps à venir, nous avons fait mettre nostre seel en ces présentes lettres, sauf nostre droit en autres choses et en toutes l'autrui. Fait au Moncel de lez Pons-Sainte-Maxence, l'an de grace mil CCC trente-quatre, ou mois de juillet.

(Arch. nat., JJ 69, n° III°XXII, fol. 140 r°.)

XIII.

Gratia facta Jacobo de Essartis, quod possit acceptare successionem Marie, quondam uxoris Stephani Bourdon du Pois, et quod ultra valorem dicte successionis et occasione ipsius pro quibuscunque debitis non constringatur.

Mai 1335.

Ph., par la grace de Dieu roy de France, savoir faisons à touz nous, de nostre grace espécial et auctorité royal, avoir ottroié à

1. Beau-frère.

nostre amé vallet, Jaques des Essars, que par le bénéfice d'inventoire il puisse prendre et recevoir la succession de Marie, jadis femme de feu Estienne Bourdon du Pois, et après ce, femme de feu Gieffroy Coquatrix et naguères femme de Jehan Billouart, et tele porcion comme lui en peut appartenir à cause de Agnès, sa feme, fille dudit feu Estienne et de la dite Marie; et que, se ou temps à venir estoit trouvé que la dite Marie, ses diz mariz, ou ses prédécesseurs, ou le dit Jaques, par raison de la dite succession, fussent en aucunes choses obligiez à nous ou à autres, de quelque condition qu'il soient, que ledit Jaques, ses biens quelconques, ou ses hoirs ne les biens d'yceuls ne puissent estre contrainz en plus que l'inventoire de la dite succession se monteroit : et ce li avons ottroié et ottroions de certaine science et de grace espécial, non contrestant toutes costumes, usages, privelièges, franchises ou quelconques autres choses contre, les quelles quant à ce et en cest cas voulons estre de nulle value, et que ne le puissent lier, ne nuire ses hoirs ne ses successeurs. Et que ce soit ferme et estable à perpétuité, avons fait nostre présente grace seeller de nostre seel. Ce fut fait à Maubuisson, l'an de grace mil CCC trante et cincq, ou mois de may.

Par le Roy : GUICHART.

(Arch. nat., JJ 69, n° XXXVIII, fol. 17 r°.)

XIV.

Compositio facta cum gentibus regis per heredes Gaufridi Coquatrix et Marie la Marcelle, ejus uxoris, mediantibus quindecim millibus libr. per eos solutis domino regi.

Avril 1340.

Ph., etc., savoir faisons à touz présenz et à venir que, comme feu Gieffroy Coquatrix, jadis bourgois de Paris, se fust entremis, ou temps que il vivoit, de pluseurs des besoignes de noz très chers seigneurs et prédécesseurs roys de France, que Dieux absoille, et eust tenu et exercé pluseurs de leurs offices, c'est assavoir, trésorier de leurs guerres, pourv[e]eur et maistre des garnisons, collecteur ou receveur de pluseurs subvencions et subsides, commissaire sus faux monnoiers et abusuers de monnoies, maistre et visiteur des pors et pasaiges du royaume, et pluseurs autres offices en pluseurs et divers autres cas; pour cause des quels offices et autrement il avoit receu moult grant somme de deniers et autres choses de noz diz prédécesseurs, tant par leurs trésoriers et officiers comme par autres, et avoit aussi fait pour euls pluseurs et diverses mises et en pluseurs administrations en pluseurs et diverses manières, des quelles administrations, receptes et mises dépendoient et devoient dépendre et ensuir pluseurs et divers comptes, dont aucun n'avoit esté rendu au temps de noz diz prédécesseurs; et pour yceuls comptez rendre et avoir raison des choses dessusdites, nous eussiens fait approchier et contraindre, par noz amez et féauls les genz de noz comptes à Paris, touz les hoirs et héritiers dudit feu Gieffroy et de feu Marie la Marcelle, sa fame, qui compaigne avoit esté et devoit estre de touz ses biens et toutes ses debtes, les quels hoirs et héritiers avoient bien rendu aucuns comptes d'aucuns des diz offices et administracions, et par la fin d'iceuls estoient demourez envers nous en certaines et granz sommes d'argent..., et pour ce touz les diz hoirs et héritiers se soient traiz devers nous et nous aient requis et supplié que, sur toutes les choses en quoy il povoient estre tenuz à nous, tant par la fin des diz comptes qui ja estoient renduz, comme pour toutes les receptes et administracions, offices, commissions et autres choses que le dit Gieffroy eut et tint de noz diz prédécesseurs, en quelconques manière que ce fust, dont les diz comptes estoient encore à rendre, et aussi pour toutes les choses en quoy nous en pensons estre tenuz à euls en aventure, nous voussissions faire composer avec euls : Nous adcertes, oye leur dite requeste, et sur icelle eu avis et pleine délibéracion avec noz dites genz des comptes et pluseurs autres de nostre conseil, considérées les doubtes dessus dites et pluseurs autres choses qui faisoient à considérer, les diz hoirs, pour euls et pour touz ceulz que le fait des diz comptes ou d'aucune des dépendances d'iceuls povoit touchier en aucune chose, avons fait recevoir à composition et acort tel, c'est assavoir que, pour toutes les choses que nous leur povions demander pour cause des diz offices, receptes et administrations et de tout ce qui s'en dépendoit et povoit dépendre, et pour cause des diz Gieffroy et Marie ou aucun d'iceuls..., ils nous paieront et rendront tantost quinse mile livres tournois, et par la dite somme, nous ... les avons quittiez et absolz, quittons et absolvons par la teneur de ces présentes lettres...

Ce fu fait à Paris, l'an de grace mil CCC quarante, ou mois d'avril.

Par le Roy, à la relation du Conseil, vous présent :

VISTREBEC.

(Arch. nat., JJ 74, n° CXCIV, p. 113.)

XV.

Arrestum in causa appellationis inter Marguaretam la Haudrie, tutricem Johannete filie sue, et Andream Marcelli.

17 juin 1340.

Cum pridem coram preposito nostro Parisiensi, inter Andream

Marcelli burgensem Parisiensem, ex una parte, et Margaretam la Haudrie, nomine tutorio seu curatorum Johannete la Coquatrisse, filie sue, ex altera, super possessione et saisina plurium hereditagiorum et bonorum inmobilium, que quondam fuerant defuncte Jaquelote, filie defuncti Petri Marcelli, questio moveretur, qualibet ipsarum parcium dicente possessionem et saisinam dictorum bonorum ad se pertinere, et esse in possessione eorumdem per consuetudinem qua mortuus saisit vivum, tanquam proximiores in gradu dicte Jaquelote : Proponebat siquidem Andreas predictus quod ipse et defunctus Johannes Marcelli erant fratres germani, dictusque defunctus Petrus Marcelli, pater Jaquelote predicte, fuerat dicti defuncti Johannis filius et universalis heres ejusdem, et pro tali fuerat provincie Paris. reputatus; quodque dicta defuncta Jaquelota fuerat a defuncto Petro predicto et ejus uxore procreata et erat heres legittima sola et in solidum ipsius defuncti Petri antedicti, et sic, secundum veram computationem graduum consanguinitatis dicte defuncte Jaquelote, in quarto gradu predictus Andreas attingebat. Dicebat insuper quod, post mortem dicti defuncti Petri, fuerat saisita dicta defuncta Jaquelota de omnibus bonis suis mobilibus et inmobilibus, et que bona dicto defuncto Petro obvenerant ex successione defuncti Johannis Marcelli patris sui, fratrisque Andree predicti, et dicta bona semper tenuerat quamdiu vixerat, decesseratque absque heredibus de suo corpore saisita de eisdem, et quod dicta defuncta Jaquelota nunquam habuerat fratres vel sorores seu nepotes ex eisdem, quinymo dictus Andreas erat sibi proximior latere et linea, unde predicte hereditates eidem defuncte Jaquelote obvenerant; adiciens quod de jure, usu et consuetudine notoriis, Paris. et Francie, quocienscunque aliqua persona libera decedit sine herede proprii corporis, dum tamen aliter de bonis suis, dum viveret, non ordinaverit, proximior genere suo, ex latere et linea quibus sibi dicta bona provenerant, succedit et est heres in eisdem, alios quoscunque de suo genere magis distantes excludendo, maxime cum, secundum usus et consuetudines predictos, et etiam secundum jus scriptum, aliquis non potest venire ad successionem vel eschoetam alicujus per representationem, sed per generis proximitatem; et sic apparet quod dictus Andreas, mortua Jaquelota predicta, fuit et est ejus heres, eidemque succedit in omnibus bonis que tenebat tempore mortis sue. Dicebat eciam quod, post mortem dicte defuncte Jaquelote, Andreas predictus acceperat possessionem bonorum suorum competentem, que bona, propter opposicionem dicte Margarete, nomine quo supra, posita fuerant ad manum nostram, ipsum impediendo de facto indebite et de novo; quare petebat dictus Andreas pronunciari per dictum prepositum possessionem et saisinam bonorum predictorum ad eum pertinere, et ipsum esse, fuisse et manere debere in possessione eorumdem a tempore mortis dicte defuncte Jaquelote, impedimenta et novitates per dictam Margaretam, nomine quo supra, apposita amoveri, quodque manus nostra apposita in ipsis bonis ob debatum partium amoveretur ad utilitatem ejusdem, et quod a petitione seu demanda dicte Margarete ad plenum absolveretur, sibique in expensis dampnis et interesse factis et faciendis condempnaretur. Dicta Margareta, nomine quo supra, inter cetera ex adverso proponente quod, secundum usum et consuetudinem communiter et notorie in villa Parisius servatos, duobus fratribus in villa predicta existentibus, et ab uno liberis extantibus, qui liberos alios habuerunt, veniendo et descendendo pec directam lineam a dicto fratre tanquam a capite et souchia dicti descensus, omnes illi qui taliter venerunt a fratre predicto, in directa linea descendendo, sibi ad invicem succedunt, quantumcumque distantes, antequam alius frater ad dictam successionem admittatur; et quod defunctus Johannes Marcelli predictus, in villa Parisius natus fuerat et mortuus, duasque uxores Parisius habuerat successive, videlicet Mariam et Johannam; ex qua Maria primo habuit quamdam filiam, Johannam nomine, postmodum Reniero Coquatris traditam in conjugem, ex quibus natus fuit defunctus Gaufridus Coquatrix, pater Johannete predicte, quem habuit ex Margareta predicta. Defuncta vero dicta Maria, defunctus Johannes Marcelli predictus Johannam de Paciaco accepit Parisius in uxorem, ex quo matrimonio natus fuit defunctus Petrus Marcelli, pater defuncte Jaquelote predicte, quodque matrimonia et descensus predicti facti fuerunt in villa Parisius, quorum omnium defunctus Johannes Marcelli predictus fuit caput, et, quantum ad successiones predictas, debent regi juxta consuetudinem Parisiensem; adiciens dictum defunctum Petrum Marcelli postmodum decessisse, per cujus mortem omnia bona sua, et specialiter illa que sibi obvenerant, (et) desdenderant ad defunctam Jaquelotam predictam, filiam suam, et de eis fuerat saisita per usus et consuetudines predictos. Postquam dicta defuncta Jaquelota diem clausit extremum, dicta Johanneta, filia Margarete predicte, etate minore et in tutela seu cura ejusdem Margarete, tam de jure quam de consuetudine notorie existente, in directa linea sola ex successionibus predictis remanente, et sic, secundum consuetudines predictas, successio hereditagiorum dicte defuncte Jaquelote venit et descendit ad Johannetam predictam, que successio exierat et descenderat ex proprio capite et souchia a quo eadem Johanneta venerat, ut dictum est, de dictisque bonis fuit Johanneta predicta, seu Margareta mater sua, nomine quo supra, saisita, per consuetudinem notoriam qua mortuus saisit vivum, ipsamque saisinam et possessionem bonorum predictorum dicta Margareta ceperat de facto et occupaverat, prout sibi licebat de consuetudinibus antedictis, utendo et gaudendo pacifice bonis predictis competenter, dictam saisinam continuando per tempus sufficiens ad bonam saisinam acquirendam, absque impedimento aliquo, excepto illo quod apposuit dictus Andreas in bonis predictis, dictam Margaretam impediendo et turbando indebite et de novo, propter quod bona predicta fuerant ad manum nostram posita. Quare petebat dicta Margareta, quo supra nomine, quod a petitione seu requesta dicti Andree absolveretur, teneretur que et defenderetur in saisina et possessione omnium hereditatum et reddituum quorum dicta defuncta Jaquelota mortua fuit saisita, et quod impedimenta et novitates predicte, manusque nostra ob debatum predictum in dictis bonis apposita, ad utilitatem dicte Margarete, nomine quo supra, amoverentur omnino, et sibi deliberarentur ea que levata fuerant, manu nostra in predictis existente, condempnareturque dictus Andreas in expensis propter hoc factis et faciendis. — Lite itaque super premissis inter dictas partes coram dicto preposito legitime contestata, testibus hinc inde productis juratis et diligenter examinatis, visis eorum depositionibus, rationibusque et objectionibus contra dictos testes hinc inde traditis et aliis actis dictarum partium, conclusoque in negocio supradicto, dictus prepositus per suum pronunciavit judicium Margaretam predictam, nomine quo supra, melius intencionem suam probasse quam dictum Andream, saisinam dictorum bonorum, reddituum et hereditatum, quorum dicta defuncta Jaquelota erat saisita tempore mortis sue, et que sibi venerant ex successione defuncti Petri Marcelli, patris sui predicti, adjudicando eidem; impedimentumque appositum in bonis predictis per dictum Andream, manum eciam nostram in eisdem appositam ad utilitatem dicte Margarete, quo supra nomine, amovit, sibi dicta bona liberando, cum fructibus et exitibus durante manu nostra perceptis et levatis, dictum Andream in expensis presentis cause, sibi taxatione ipsarum reservata, condempnando. A quo judicato, tanquam a pravo et falso, dictus Andreas ad nostram curiam appellavit; quam appellationis causam dilectis et fidelibus gentibus nostris pro nobis Parisius presidentibus mandavimus et commisimus audiendam et fine debito examinandam. Auditis igitur dictis partibus, in dicta curia nostra, in causa appellationis predicte, processuque, de ipsarum partium consensu, per eamdem curiam ad judicandum recepto, ipsoque viso et diligenter examinato, per arrestum nostre curie dictum fuit bene per dictum prepositum fuisse judicatum et male per dictum Andream appellatum; et emendabit appellans, ipsum in expensis hujus cause appellationis condempnando, earum taxatione penes dictam curiam nostram reservata. Die XVIII[a] junii (1340).

J. DE BORBONIO reportavit in magna camera.

(Arch. nat., X[1A] 8, fol. 115.)

XVI.

Les exécuteurs testamentaires de Jeanne, veuve d'Étienne Marcel, assignent à la Grande confrérie N.-D. un legs de 40 sols de rente pour fondation de l'obit de la défunte et de ses deux maris.

25 juillet 1348.

A touz ceus qui ces lettres verront, Guillaume Gormont, chevalier le Roy nostre sire et garde de la prévosté de Paris, salut. Savoir faisons que par devant Jehan Maugarde et Philippe du Vivier, clers, notaires jurez establiz de par nostre sire le Roy ou Chastellet de Paris, et quant aus choses ci-après contenues et escriptes oïr et nous rapporter et mettre en fourme publique députez et commis,[1] personnelment establiz Jehan Giffart, drappier, bourgois de Paris, exécuteur avecques autres du testament ou derrenière volenté de feu Jehanne, fame de feu Estienne Marcel, jadiz drappier, bourgois de Paris, si comme les diz notaires le virent plus à plain estre contenu en unes lettres de testament ou derrenière volenté sur ce faites, seellées du seel de la court l'official de Paris, si comme il apparoit, les quelles le dit Jehan Giffart monstra aus diz clers notaires jurez et les quelles se commencent ainsi : « Universis presentes litteras inspecturis, Officialis curie Parisiensis, salutem in Domino. Noveritis quod coram nobis personaliter constituta Johanna, relicta defuncti Stephani Marcelli, quondam draperii civisque Parisiensis, vidua, sana per Dei gratiam, ut dicebat et ut prima facie apparebat, attendens quod presentis vite condicio statum habet instabilem et quod ea que visibilem habent essenciam tendunt visibiliter ad non esse, diem sue peregrinacionis extremum disposuit, quamdiu racio mentem regit, voluntate testamentaria prevenire, ipsumque testamentum suum seu ultimam voluntatem de bonis et rebus a Deo sibi collatis condidit in hunc modum : Primò, etc., » et se fenissent ainsi : « In cujus rei testimonium sigillum Parisiensis curie presentibus litteris duximus apponendum. Datum anno Domini millesimo trecentesimo tricesimo quarto, die Martis in vigilia festi beati Mathei apostoli, mense septembris. » Es quelles lettres de testament entre les autres choses estoient contenues les clauses qui s'ensuivent : « Item, magne confratrie beate Marie Parisiensis quadraginta solidos annui redditus, non tamen admortizatos, quorum viginti solidi ad utilitatem dicte confratrie maneant et alii viginti solidi inter confratres presby-

1. Suppl. « furent ». L'énumération des comparants continue par Perronnelle, femme dudit Jean Giffart, quarante-deux lignes plus loin, après l'extrait du testament.

teros, qui singulis annis perpetuo facere teneantur unum anniversarium de vigiliis atque missa, pro animabus dicte testatricis et duorum ejus maritorum predictorum, dividantur; et ad quod anniversarium ita perpetua faciendum se ligent fratres et confratria predicti; quod si facere recusarent, jussit ut ex dictis quadraginta solidis alibi Parisius per suos executores, ubi voluerint et salubrius esse poterit, duo perpetua anniversaria, pro se proque dictis suis maritis, annuatim solempniter fieri procurentur. Ad que omnia et singula premissa, modo quo dictum est, fideliter exequenda, suos fecit et constituit executores dictum dominum Johannem Anquetin, prepositum de Theodesio, dictum Johannem Bourdon, filium, et Johannem Giffardi, generum ipsius testatricis, ita quod si omnes tres ad hoc nolint seu possint interesse, dicti dominus Johannes Anquetin et Johannes Bourdon predicta compleant; et si dicti dominus Johannes Anquetin et Johannes Giffardi ambo decederent, aut onus hujus executionis in se suscipere recusarent, dictus Johannes Bourdon solus et unicus omnia premissa valeat exequi cum effectu, etc. » — Perronnelle, fame du dit Jehan Giffart, fille de ladite feu Jehanne et du dit feu Estienne, et Jehan Marcel, ensement drappier, bourgois de Paris, filz des diz feux Jehanne et Estienne et frère de la dite Perronnelle; les quiex Jehan Giffart, Perronnelle, sa fame, et Jehan Marcel, désiranz de toute leur affection de acomplir et entériner la volenté et ordenance de la devant dite feu Jehanne, jadiz fame du dit feu Estienne Marcel, à tout leur povoir, de leur bon gré et de leur bonne volenté, les diz quarante soulz parisis de annuel et perpétuel rente ou crois de cens laissiez à la dite confrarrie, comme dessus est dit, c'est assavoir, le dit Jehan Giffart, comme exécuteur dessus dit et en nom de la dite exécucion, et avec celui mesmes ladite Perronnelle, sa fame, et ledit Jehan Marcel, en leurs propres noms, baillièrent, délivrèrent, assistrent et assignèrent à tous jours desorendroit, pardevant les diz notaires jurez, à icelle confrarrie, pour icelle confrarrie et pour ceulx qui d'elle ont et auront cause avoir, prendre, gaigier, lever et recevoir yceux quarante soulz parisis de rente annuel et perpétuel ou crois de cens, par celui ou par ceulx qui d'icelle confrarrie ont et auront cause, par chascun an égalment, aus quatre termes, généralement à Paris acoustumez, en et sur les lieux ci aprez devisez et en la manière qui s'ensuit : c'est assavoir, les diz Jehan Giffart et Perronnelle, sa fame, vint cinq soulz parisis de crés de cens ou rente que iceux mariez, avant ceste présente assiete, assignacion et délivrance, se disoient avoir et prendre du propre héritage de la dite Perronnelle, c'est assavoir : vint soulz parisis, chargés de deux deniers parisis de fons de terre, en et sur la maison et jardin maistre Pierre Roussel, assis à Paris en la rue des Jardins, devant l'ostel ou Dieu fu bouli, tenant d'une part et d'autre et aboutant par derrière aux mesons et jardins des frères de Sainte-Crois, en la censive et seignorie du Roy nostre sire, prins et eliz de cinquante quatre soulz parisis que les diz mariez prenoient sur les diz maison et jardin..., et le dit Jehan Marcel quinze soulz parisis de son propre héritage,... Par laquelle assiete et assignacion, et à cause d'ycelle, les devant diz Jehan Giffart, Perronnelle, sa fame, et Jehan Marcel, es noms que dessus, dès maintenant à touz jours mais cessèrent, transportèrent et du tout en tout délaissèrent à la dite confrarrie, pour icelle confrarrie et pour ceulx qui d'elle ont et auront cause, toute saisine, possession, propriété...

Ce fu fait, passé et accordé, des diz Jehan Giffart et Perronnelle, sa fame, le mardi vint deux jours de juillet, et dudit Jehan Marcel, le vendredi ensuivant, vint-cinq jours dudit moys, tout en l'an de grace mil troys cenz quarante-huit.

Ph. du Vivier, J. Maugarde.

(Arch. nat., L 596, n° 21.)

XVII.

Lettre de grâce accordée à la veuve de Gilles Marcel.

10 août 1358.

Charles, ainsné filz du roy de France, régent le royaume, duc de Normandie et dalphin de Viennois, savoir faisons à touz présenz et à venir que, comme par la forfaiture de feu Gile Marcel, clerc de la marchandise de la ville de Paris, rebelle et ennemi de la coronne de France, et qui pour ce, par le bon peuple et loyal commun de la dite ville de Paris, a nagaires esté exécutez et mis à mort à Paris, touz les biens meubles et immeubles quelconques soient acquis, confisqués et avenus à nostre dit seigneur et à nous; et depuis ce, par noz bien amez Gencien Tristan, nouvel prévost des marchans, et les eschevins de la dite ville de Paris, nous a esté supplié que, pour la sustantation de Guillemete, famme dudit feu Gilles, et de cinq enfans que elle a et d'icelli son mari li sont demourez, sur les biens meubles et héritages que iceulx mariez ensemble avoient, tenoient et possédoient par avant la mort dudit Giles, leur vueillons faire grace et miséricorde : pourquoi nous, qui aus requestes des diz prévost et échevins vouldrions touz jours incliner en ce que faire pourrions bonnement, pour contemplacion d'iceulx, à la dite Guillemete, tant pour elle comme pour ses enfanz, avons donné et ottroyé, donnons et ottroions de grace espécial par ces présentes, à touz jours perpétuelment, la moitié des héritages et biens meubles que ensamble possédoient, comme dit est. Si donnons en mandement à noz amez et féaulx les genz des Comptes et trésoriers de Monseigneur et nostres à Paris et è touz autres commis et députés ou à députer de par nous sur le fait des forfaitures avenues à nostre dit seigneur et à nous en la dite ville de Paris, ou à leurs lieux tenans ou substituz et à chascun d'eulx, si comme à lui appartendra, que sans délay, ces lettres veues, il facent priser et avaluer les biens, meubles et immeubles quelconques du dit feu Gilles, où qu'il soient ne puissent estre trouvez, et que, ce fait, il baillent et délivrent à ladicte Guillemette pour elle et ses diz enfanz, ou à son certain commandement, la moitié entièrement d'iceuls biens, meubles et héritages, et que d'iceulx les facent et leurs hoirs, et touz autres qui d'eulx ou temps avenir auront ou pourront avoir cause, joïr et user paisiblement à touz jours perpetuelment, sans y mettre ou souffrir mettre aucun contredit ou empeschement, par paiant des debtes du dit feu Gilles selon sa partie et porcion que elle aura des diz biens; et aussi que vous, gens des Comptes dessusdiz, alloez la valeur de la dite moitié es comptes d'icelui ou ceulx à qui il appartendra, non contrestant don ou dons que nous en aions fait ou facions ou temps avenir, les quiex, Nous, de nostre dite grace, rappellons et mettons du tout au néant, et ne voulons pas que, contre le contenu d'icelle, il aient aucun effect ou vertu. Et que ce soit ferme chose et estable à touz jours, nous avons fait mettre nostre seel à ces présentes, sauf le droit de nostredit seigneur et le nostre en autres choses et l'autrui en toutes. Donné à Paris, le x[e] jour d'aoust, l'an de grace mil CCC LVIII.

Par Monseigneur le Régent :

MELLOU.

(Arch. nat., JJ 86, n° II[c] IIII[xx]XV, fol. 99 r°.)

XVIII.

Don fait à la prévôté des marchands de Paris de la moitié des biens confisqués sur Gilles Marcel, en remboursement des prévarications commises par lui dans l'exercice de ses fonctions de clerc de ladite prévôté.

10 août 1358.

Charles, ainsné filz du roy de France, régent le royaume, duc de Normandie et dalphin de Viennois, savoir faisons à touz présens et à venir que, comme par la forfaiture de feu Giles Marcel, clerc de la marchandise de la ville de Paris, rebelle et ennemy de la couronne de France, et qui pour ce, par le bon peuple et loyal commun de la dite ville de Paris, a naguères esté exécutez et mis à mort à Paris, touz les biens meubles et immeubles quelconques soient acquis, confisqués et avenus à nostre dit seigneur et père; et de nouvel, par noz bien amez Gentien Tristan, nouvel prévost des marchanz, et les eschevins de la dicte ville de Paris, nous ait esté donné [à] entendre que le dit feu Giles estoit tenuz à la dite ville en plusieurs et grosses sommes d'argent qu'il avoit receues, tant des rentes comme du fait de la marchandise d'icelle ville; si nous ont supplié humblement que, sur les biens meubles et immeubles quelconques d'icelui Giles, leur vueillons de ce rémunérer pour la dite ville et récompenser : pour quoy Nous, inclinans à leur supplicacion, voulanz yceulx garder de perte sur les choses dessuz dites, à eulx pour la dite ville, avons baillé, donné et delaissié, baillons, donnons et délaissons de grace especial, à touz jours perpétuelment, la moitié des héritages dudit feu Giles et de ses biens meubles, en quelconques lieu qu'il soient ou puissent estre trouvez au royaume de France. Si donnons en mandement à noz amez et féaulx les gens des Comptes, etc.[1]... Donné à Paris, le x[e] jour d'aoust, l'an de grace mil CCC LVIII.

Par Monseigneur le Régent :

MELLOU.

(Arch. nat., JJ 86, n° II[c] IIIIxxXVI, fol. 99 r°.)

XIX.

Remissio pro Guillelmo Marcelli, campsore et burgensi Parisiensi.

19 janvier 1363.

Jehan, par la grace de Dieu roys de France, savoir faisons à touz, présenz et à venir, que comme Guillaume Marcel, changeur et bourgois de Paris, ait nagaires esté aprochié, à la requeste et instance de nostre procureur général, par vertu de certaine informacion sur ce faite pardevant noz amez et féauls conseillers, les généraulx réformateurs de nostre royaume estans à Paris, sur ce que nostre dit procureur imposoit au dit Guillaume que ledit Guillaume estoit faiseur ou diffamé de faire pluseurs faus contraux usuraires, frauduleux, illicites, mauvais et décevables, et tant en prestant deniers pour autres formelment, comme autrement en pluseurs manières, avoit aussi pluseurs fois baillé de ses deniers à marchandises à pluseurs personnes, à paier à certains termes, pour plus grant pris, la moitié ou plus que les choses ne valoient à argent sec; et sur ce avoit pris obligacions par les quelles il s'estoit fait entièrement paier des sommes contenues en icelles; et avec ce, avoit fait pluseurs contraux et marchiés par les quels il avoit baillié de son argent et de ses deniers pour avoir à certains termes plus grans sommes d'argent et choses de plus

1. La suite de cette lettre reproduit les formules de la précédente, dont elle est la contre-partie.

grant valeur que il n'avoit baillié, et de ce avoit pris pluseurs obligacions par les quelles il s'estoit fait paier entièrement des choses contenues en icelles; et néantmoins, il détenoit pardevers lui les dites obligacions, afin de en estre encores paié autre fois, et de fait s'estoit efforcé de soy faire paier deux fois, en faisant mettre à exécucion les dites obligacions qui jà estoient paiées, et en avoit esté paié seconde foys. Et espécialment disoit, proposoit et maintenoit nostre dit procureur, que, environ deux ans avoit eu à quaresme derrain passé, Jehan Maillart, Hugues Bernier, Jehan Le Grant, Naudin Froissart et pluseurs autres avoient esté compaignons de certaine marchandise de vin faite par euls avec les habitanz de la ville d'Aucerre et du païs d'Aucerroys. Et pour ce que les diz marchans avoient eu afaire de huit cens escuz à faire un paiement hastif, il s'estoient mis en grant deligence de trouver la dite finance et s'estoient trais par devers certaine personne et l'avoient prié que il feist tant que il peussent avoir la dite somme à aucun changeur pour aucun prouffit et le mendre que il pourroit; la quelle personne s'estoit traite pardevers le dit Guillaume, si comme il disoit, auquel il povoit avoir les huit cens [escus] dessus diz par un moys, pour[1] avoir deux cens escus pardessus pour usure, et ainsi l'avoit rapporté la dite personne aus diz marchans pour savoir se le marchié leur plairoit; et avec ce leur avoit dit que il convenoit que il s'obligast au dit Guillaume sur ce en son nom et comme de fait de change. Et pour ce que les dessus diz marchans avoient besoing de la dite somme, il avoient accordé le dit marchié et aussi l'avoit accordé la dite personne moienne, comme dit est, laquelle avoit receu la dite somme de huit cens escuz et les avoit bailliés aus marchans dessus diz, lesquelz s'en estoient aidiés en ce que il en avoient afaire; lesquels marchans, voulant eschuer le dommage et l'usure que il leur convenoit paier pour les huit cens escuz dessus diz, comme dit est, avoient tant fait que il avoient assemblé lad. somme de huit cens escuz dedens trois sepmaines après ensuians; et pour ce, avoient fait parler et dire audit Guillaume que il li vouloient paier la dite somme, afin que, considéré que il vouloient rendre et paier courtoisement la dite somme dedens le terme de un moys, ledit Guillaume se passast du prouffit que il en devoit avoir; et tant avoit esté traictié sur ce avec ledit Guillaume que, à grans prières et grant force, ledit Guillaume s'estoit passé à tant que, pour les diz huit cens escuz que il avoit presté pour trois sepmaines, il avoit eu six vins royaulx de proufit ou autres de son commandement, et lui aiant ce pour agréable à son prouffit.

1. Les mots *par* et *pour* ont été transposés par le copiste; le sens est « il povoit avoir les huit cens escus dessus diz *pour* un mois, *par* avoir deux cens escus par dessus pour usure. »

Disoit avec ce nostre dit procureur que, environ trois anz a, Pierre Torel, chapellain de nostre tres cher cousin le conte d'Estampes, s'estoit trait devers ledit Hugues Bernier, en lui priant que il vousist aidier à avoir mil moutons d'or pour la raençon du païs d'Estampes, à paier aus Anglois, lors nos ennemis, estans ou dit païs; et pour ce, estoient alés le dit chapellain et autres devers le dit Guillaume ou ses genz, des quels il avoit eu le fait pour agréable; et tant avoit esté traictié et fait entre euls, que le dit Guillaume ou ses genz, pour lui et en son nom, avoient presté au dit Pierre les mil moutons dessus diz pour avoir quatre cens moutons de proufit pour six sepmaines tant seulement; et pour ce s'estoit obligié le dit Hugues Ber(nar)nier au dit Guillaume, par lettres de Chastellet, à rendre les mil moutons dessus diz au dit terme; et pour les quatre cens moutons que le dit Guillaume devoit avoir de proufit et de gaaing, comme dit est, le dit chapellain avoit baillié en gaige au dit Guillaume, ou à son certain commandement, un chapeau d'or du pris de deus cenz moutons, par telle manière que le dit chapel devoit demourer par devers le dit Guillaume, jusques à ce que il fu[st] paiez des quatre cens moutons dessus diz que il devoit avoir de courtoisie, d'acquest ou de gaaing, comme dit est. Et avec ce disoit nostre dit procureur contre le dit Guillaume, que il avoit par pluseurs fois et à pluseurs personnes baillié et presté à usures et à acquest grans quantité de marcs d'argent, le marc pour sept escus et pour six escus et demi, qui ne valoit pas tant d'un real ou environ, à rendre et paier les escuz que les marcs montoient, au pris que il les bailloit, au chief de trois sepmaines ou d'un moys, la quelle chose il faisoit en commettant usure, en fraudant et decevant ceuls à qui il les prestoit, le quel contrait ou usure le dit Guillaume, ou ceuls qui s'en merloient, appelloient *Je y fais*, pour couvrir leurs fraudes et baras, afin que l'en n'en eust cognoissance; et ja soit ce que faintement et de parole il deissent et maintenissent, en faisans les diz marchiez, que il vendoient les dis marcs d'argent à certain pris, toutevoies, le plus souvent, il ne livroient aucun marc d'argent en espèce, mais bailloit drois ou monnoye comptant, c'est assavoir six florins pour sept ou plus à paier au chief du moys. Et par espécial avoit le dit Guillaume presté à Guiot Carel et à nostre amé et féal chevalier Nicolas Braque six cens marcs d'argent, l'espace d'un moys ou environ, et pour chascun marc d'argent avoit pris un royal ou environ, la quelle chose estoit en nostre dommage, car nous en aviens paié le proufit ou usures au dit Guillaume. Et disoit oultre nostre dit procureur que, en l'an soixante, ou moys de juing ou de juillet, le dit Guillaume avoit presté au dit Guiot Carel cinq cens mars d'argent à paier au moys, et ja soit ce que le marc ne vausist lors sur le Pont que cinq escus et demi ou cinq escus et deux tiers, toutevoies bailla et vendi le dit Guillaume au dit Guiot sept escus le marc à rendre au moys, comme dit est; et avoit tourné celle perte sur nous, car le dit emprunt se faisoit pour nous ou pour noz besoingnes, et avoit convenu que, pour farder et couvrir la dite fraude et barat, le dit Guiot s'obligast envers le dit Guillaume par lettres de nostre Chastellet de Paris, les quelles le dit Guillaume detenoit encores par devers lui contre raison, ja soit ce que il en fust paié. Et semblablement avoit le dit Guillaume pluseurs fois presté argent aus genz de nostre tres chier ainsné fils, et espécialment au dit Nicolas Braque, pour les besoignes de nostre dit ainsné filz, dont il avoit eu et soustenu tres grant dommage, car, pour cinq escus et demi ou environ, il en avoit convenu rendre et paier au dit Guillaume sept ou environ, et, avec ce, le dit Guillaume avoit pieça fait chevance au prevost des marchans et à nostre ville de Paris d'environ six cens mars d'argent ou environ, dont il avoit eu, de prouffist ou de gaaing, mil florins ou environ, dont il s'estoit fait paier, et toutevois il devoit lors à la dite ville, à cause de certaine imposicion ou ferme que il y avoit tenue, plus que la dite somme ne montoit, si comme il estoit apparu par la fin de ses comptes. Par les quels mauvais contraux usuraires, frauduleus, vicieus et decevables et pluseurs autres dont le dit Guillaume estoit coupable, souspeçonne et diffamé, le dit Guillaume estoit enrichi de quarante mil livres et plus, au grant grief, dommage de nous et de nostre peuple, si comme disoit et proposoit nostre dit procureur, en requerant que, pour les causes dites, le dit Guillaume fust condempné envers nous en la somme de vint mil livres pour amende, ou en aultre telle amende comme noz diz conseilliers regarderoient. Le quel Guillaume proposa pluseurs raisons à sa défense, en niant les fais dessus diz, ou en justifiant yceuls ou aucun d'euls, tendant à fin d'absolucion. Et sur ce mut certain procès par devant noz diz conseilliers, entre nostre dit procureur et le dit Guillaume, le quel doubtant rigueur de justice, et pour eschuer plait entre nous, et aussi pour espargner aus grans coux mises et despens que il li eust convenu faire pour cause des choses dessus dites, se soit trait par devers noz diz conseilliers, en leur suppliant que, sur les fais dessus diz et autres semblables dont il pourroit estre coulpable ou souspeçonné, noz diz conseilliers le vousissent pour nous recevoir à composicion. Pour quoy noz diz conseilliers, considérées les choses dessus dites et les fais dessus diz, et la qualité d'iceulx et ce qui en estoit trouvé contre le dit Guillaume, eu regart à ses facultés, pour considéracion aussi de ce que il a esté pour nous ostage en Angleterre avec pluseurs autres bourgois des bonnes villes de nostre royaume, ont pour nous receu le dit Guillaume à composicion de huit cens franz d'or. Parmi la quelle composicion, Nous au dit Guillaume avons, de nostre autorité et plaine puissance royal et de grace especial, quictié, remis et pardonné, et par ces présentes quittons, remettons et pardonnons touz les fais et contraux dessus diz, supposé que il en soit trouvé ou fust coulpable, avec tous autres semblables contraux usuraires, frauduleus et decevables touchant fait de change ou autrement, fais avec noz genz ou ceuls de nostre dit ainsné filz, comme avec autres, quels que il soient, que le dit Guillaume a ou puet avoir fais le temps passé jusques au jour d'uy, combien que il ne soient mie exprimés ne declairés en ces présentes, avec toute paine, amende ou offense corporelle, criminelle et civile que il pourroit ou pust avoir encouru envers nous pour raison des choses dessus dites et semblables ou d'aucune d'icelles, et le restituons à sa bonne renommée, se mestier est, et le dit procès commencé entre nostre dit procureur et lui mettons du tout au nient par ces présentes, et sur ce imposons silence perpétuel à nostre dit procureur qui est à présent et à ceuls qui pour le temps à venir seront, sauf toutevoies le droit de partie, se autre que nous ou nostre dit filz avoit encouru aucuns dommaiges, ou le voloit poursuivre pour cause des contraux dessus diz. Si donnons en mandement à touz reformateurs ou commissaires députez ou a deputer, à tous les justiciers de nostre royaume ou à leurs lieux tenans présenz et à venir et à chascun d'euls que le dit Guillaume ne molestent, travaillent ou empeschent, en corps ou en biens, contre la teneur de nostre présente grace, mais d'icelle le facent et laissent joïr et user paisiblement, en rappellant et mettant au premier estat et deu tout ce que il trouveront estre ou avoir esté fait au contraire. Et que ce soit ferme chose et estable à touz jours, Nous avons fait mettre à ces présentes le seel de nostre Chastellet de Paris en l'absence de nostre grant, sauf en autres choses nostre droit et l'autrui en toutes. Ce fu fait et donné à Paris, le XIX[e] jour de janvier, l'an de grace mil CCC LXII.

Par les reformateurs en la Chambre :

G. DE MONTAGU.

(Arch. nat., JJ 91, n° III[c] IIIIxxXIX, fol. 209.)

XX.

Jacques de Pacy, Pierre Bourdon, Marguerite, veuve d'Étienne Marcel, Nicolas d'Amiens, Simon de Saint-Benoît et Jean Marcel, frère d'Étienne, renoncent à l'opposition par eux faite à la vente des biens du défunt prévôt des marchands.

25 septembre 1363.

Cum Gaufridus de Dampno Martino, civis Parisiensis, certa hereditagia, redditus atque domos, quos, quas et que[1] quondam fuerant defuncti Stephani Marcelli, quondam prepositi mercatorum, [et] apud

1. *Sic.*

Ferreria in Bria, Ablonem, Villam novam Regis, Thiais et Choisiacum ac Parisius situantur, vendicioni exponi proclamari et subhastari fecerit, pro certa magna peccunie summa dicto Gaufrido per arrestum seu arresta curie nostre super omnibus bonis predictis et aliis que quondam fuerunt dicti defuncti adjudicata, nichilominus dilectus et fidelis Jacobus de Paciaco, consiliarius noster, Petrus Bourdon, Margareta, relicta dicti defuncti Stephani Marcelli, Nicolaus de Ambianis, Simon de Sancto Benedicto et Johannes Marcelli, frater dicti Stephani ad hoc se opposuerant, et propter opposicionem predictam dies fuerat in curia nostra opponentibus et Gaufrido predictis assignata, prout fertur : Notum facimus quod, comparentibus in eadem curia, die date presencium, dictis opponentibus et Gaufrido, opponentes predicti opposicioni seu opposicionibus suis predictis sponte renunciaverunt et a prosequcione hujus modi cause destiterunt omnino, prima die augusti, anno tercio.

xxv die septembris anno predicto.

(Arch. nat., reg. X1A 17, fol. 314 v°.)

XXI.

Le Parlement autorise le chapitre de Notre-Dame de Paris à transiger, sans payer l'amende, avec le changeur Guillaume Marcel, mis en cause au sujet de certains vases d'argent enlevés de la trésorerie de l'église à l'occasion des guerres.

10 mai 1364.

Cum certa causa inter dilectos nostros decanum et capitulum ecclesie Parisiensis, actores, ex una parte, et Guillelmum Marcelli, campsorem, burgensem Parisiensem, defensorem, ex altera, occasione certorum vasorum argenti in thesauraria ipsius ecclesie propter factum guerrarum, prout fertur, captorum olim mota, et pendente in nostra parlamenti curia dicatur, in qua quidem causa predicte partes libenter concordarent ad invicem, si nostrum super hoc prebere vellemus assensum, notum facimus nos dictis partibus, de et super causa predicta jus nostrum commune tangente, licenciam concordandi ac inter se pacificandi, absque emenda nobis propter hoc persolvenda, et a dicta curia nostra libere recedendi tenore presencium concessisse. Datum Parisius, etc., die decima maii, anno LXIIII.

Henry.

(Arch. nat., X1A 18, fol. 22 r°.)

Nogent-le-Rotrou, imprimerie Daupeley-Gouverneur.

www.ingramcontent.com/pod-product-compliance
Lightning Source LLC
LaVergne TN
LVHW012356220826
846092LV00002B/550

* 9 7 8 2 0 1 6 1 4 4 0 2 2 *